Edition Paashaas Verlag

Titel: **Süßsauer**
Autor: Marcus Watolla
August 2022
Covermotive:
635955_original_R_by_Andreas Hermsdorf_pixelio.de
und Pixabay.de
Covergestaltung: Michael Frädrich
Lektorat: Renate Habets / Manuela Klumpjan
Printed: BoD GmbH, Norderstedt
© Edition Paashaas Verlag, Hattingen
www.verlag-epv.de

ISBN: 978-3-96174-109-0

Die Deutsche Nationalbibliothek verzeichnet diese Publikation in der Deutschen Nationalbibliografie; detaillierte bibliografische Daten sind im Internet über http://dnb.d-nb.de abrufbar.

Süßsauer

Witzig-satirische Alltagsgeschichten

**Für meine
"Tochter im Geiste"
Celine**

Inhalt

Süßsauer 3
Feurige Erotik 8
George und die Fee 13
Auf dem Schiff 18
Gepflegte Nachbarn 20
Charlie Brown und ein Baseballschläger 25
Geträumt 33
Mein Nachbar George 38
Das klügste Pferd 47
Die Sache mit der Sensationslust 49
Mein Ratgeber? MEIN BAUCH! 51
Wer die Zukunft kennt 57
Rot 61
Bumms und Kröten 67
10 Minuten 73
Self-made-Franz 76
Von Bello und der Amazone 81
Weihnachtliche Polizeigewalt 85
Invasion 89
Gute Nacht 100
Der junge Liebhaber 105
Ein merkwürdiger Tag 109
Perfekt 113
Verführung auf Abwegen 116

Gedanken im Bus	121
Happy Birthday	124
Heike, die eigentlich Valbuna hieß	128
Der Fluch der Fee	133
10 explizite Tricks	139
Ich war verflucht	145
Wunderliche Weihnachten	151
Positiv	157
Ein süßsaures Date	162
Über den Autor	166
Bittersüß – Satirisches Zeug	167

Feurige Erotik

Eddy und Kerstin waren ein Paar, das schon gefühlte hundert Jahre zusammen war. Bald schon war das Feuer der Leidenschaft zwischen ihnen erloschen. Sie langweilte sich im Bett. Kerstin stöhnte monoton im Takt seiner Bemühungen .Dabei betrachtete sie die Zimmerdecke.
Die müsste auch mal wieder gestrichen werden, dachte sie und sah Eddy an. Der hechelte wie ein Dackel, schwitzte wie ein Marathonläufer. Als er gewahr wurde, dass sie wohl abgelenkt war, hielt er inne. Er fragte: „Alles in Ordnung?"
Sie nickte gedankenverloren. Dann sagte sie: „Findest du es nicht auch irgendwie eintönig?"
„Das Essen?"
„Nein. Unseren Sex." Sie sah ihn vorwurfsvoll an, war sie doch für die Mahlzeiten verantwortlich.
Er kletterte von ihr herunter und nickte. „Ja. Irgendwie schon ..."
„Wir sollten es interessanter machen", schlug sie vor. Angeregt fuhr ihre Zunge über die Lippen. „Worauf hättest du einmal richtig Bock?"
„Im Bett?"
„Nein. Im Kühlschrank." Sie verdrehte die Augen. „Na klar im Bett. Wovon träumst du heimlich?"
„Von der Nachbarin", gab er unumwunden zu. „Du weißt, die Neue."
Sie verdrehte wieder die Augen. „Also, einen Dreier mache ich nicht." Sie schüttelte energisch den Kopf. „Schon gar nicht mit dieser Kosmetikmumie."
Er setzte sich im Schneidersitz vor sie hin. Anschließend sah sie ihn ernst an. „Worauf hättest du denn mal Lust?"

Sie dachte kurz nach. „Fesselspielchen. Oder eine anregende Massage vor dem Akt. Oder Spielzeug im Bett. Oder Erdbeeren vor dem Sex. Sich gegenseitig berieseln mit süßen Saucen. Irgendetwas wie das ..."
Er nickte. „Das kann ich besorgen." Ein Lächeln huschte über seine Züge. „Das wird bestimmt geil."

Am darauffolgenden Abend war Eddy im Erotikshop in der City gewesen. Er hatte sich mit hochrotem Kopf von der freizügigen Verkäuferin beraten lassen, hatte eine Tasche, gefüllt bis oben hin, mit Spiel- und Naschzeug, mitgebracht. Kerstin saß auf dem Bett und sah ihn aufgeregt an. „Zeig schon! Zeig schon!"
Er stellte jedoch die Tüte in sicherer Entfernung von ihr auf den Boden, machte Musik. Laszive und erotische Musik. Soul.
Dann sah er sie aufreizend an. „Mademoiselle?", fragte er mit sonorer Stimme. „Ich hoffe, Sie sind bereit?"
„Ja! Ja!"
Er schüttete die Tüte aus. Der Inhalt fiel auf den Boden. Geschmeidig wie eine Raubkatze kniete er sich hin, nahm eines der Spielzeuge, einen Dildo, den er ihr zeigte. „Bereit?", fragte er.
Sie räkelte sich auf dem Bett. Schnurrte: „Ja, mein Großer. Zeige es mir."
Eddy kletterte zu ihr, dann entkleidete er sie. Anschließend machte er sich daran, das vibrierende Ding einzusetzen. Doch plötzlich schlug ein Funken aus dem Teil. Es knallte leise. Eddy, erschrocken und überrascht, sah es entsetzt an. Flämmchen schlugen aus dem Dildo. Ein verschmorter Geruch machte sich im Zimmer breit.
Kerstin sprang auf. Rief panisch: „Feuer! Feuer!"

Im Reflex nahm sie die Blumenvase. Kippte ihren Inhalt über Eddy, der dann nass war. Der Dildo brannte weiter. Inzwischen war er so heiß geworden, dass Eddy sich die Finger verbrannte. Er ließ ihn leise fluchend fallen. Das Ding landete auf dem Bett. Mit einer Stichflamme fing die Bettdecke Feuer.
Kerstin sprang auf und kreischte laut. „Mach was! Mach was!"
Eddy starrte bar jeder Reaktion auf das Chaos. „Äh ..., was denn ..., was denn nur?"
Er versuchte das brennende Teil zu schnappen, verbrannte sich aber nochmals die Finger. Ließ es wieder fallen. Jetzt brannten schon das Kopfkissen, sowie das Laken.
Kerstin hechtete aus dem Bett, blieb mit dem Fuß in der brennenden Decke hängen. Sie machte einen plumpen Überschlag. Dann krachte sie auf den Boden. Stieß sich den Kopf. Blieb benommen liegen.
Eddy klopfte mit dem zweiten Kissen auf die Flammen, in der Hoffnung, sie zu ersticken. Doch es wurde nur noch schlimmer. Als er merkte, dass sein Schlagkissen brannte, warf er es wild in die Ecke. Es landete unter den Gardinen, steckte sie in Brand.
„Feuer!", schrie er dann. „Feuer!"
Er stürmte aus dem Bett, stolperte über die am Boden liegende Kerstin und schlug hart mit dem Kopf gegen das Holz der Tür. Es gab einen dumpfen Knall. Dann ächzte er.
Kerstin suchte panisch irgendetwas zum Löschen, fand aber nur die Tube mit Gleitcreme, spritzte sie erfolglos über die Flammen. Da das Zeug jedoch ätherische Öle enthielt, wurden die Flammen nur genährt.
In letzter Sekunde konnten sie aus der lodernden Hölle entkommen.

Nackt. Verrußt.

Machen Sie sich einmal Gedanken: Was haben die beiden wohl ihrer Versicherung geschrieben?
Die Wahrheit? Gaben sie einen „erotischen Zwischenfall mit anschließender Feuersbrunst" zu Protokoll? Eine „heiße Nacht mit Flammenende"? Eine „lodernde Leidenschaft"?
Haben sie den Erotikshop auf Schadensersatz verklagt? Wenn ja, mit welcher Begründung? Gibt es dafür überhaupt ein Formular?
Eddy ging nach der Katastrophe durch das Schlafzimmer, um einzusammeln, was noch nicht gänzlich verloren war. Die meisten Sachen waren ohnehin verkohlt und zur Unkenntlichkeit verbrannt.
Die Feuerwehrmänner hatten mit einem breiten Grinsen reagiert. „Dildounfall? Na dann können sie ja froh sein, dass es nicht passierte, als er im erotischen Einsatz war ..." Sie lachten sich schief. „Sonst wäre ihre Freundin auch noch flambiert worden ..."
Kerstin hatte mit hochrotem Kopf und in eine grobe Decke gehüllt im Flur gestanden. Den Kopf hielt sie peinlich berührt gesenkt.
Frau Kawulski, die achtzigjährige Nachbarin, sah sie vorwurfsvoll an. „Sie sind ja nackt." Dann sah sie Eddy an, der genauso wenig trug. „Haben Sie etwa Unzucht getrieben? In unserem Haus?"
Kerstin fühlte sich schrecklich. Alles war so unglaublich peinlich.
Plötzlich stand ihre Mutter neben ihr. „Kind! Was ist denn hier passiert? Hat dich dieser verdorbene Lümmel etwa befleckt?"

Im selben Augenblick brachten einige Feuerwehrleute die angekokelten Sextoys aus der Wohnung, um sie, für jeden sichtbar, vor die Haustür zu legen.
„Hat dieser Sittenstrolch etwa Unaussprechliches mit dir gemacht?", kreischte die Mutter.
Alle Nachbarn bekamen das mit, (wahrscheinlich auch die, die zwei Straßen entfernt wohnten).
Kerstin wäre am die liebsten im Erdboden versunken. Bis zum Erdmittelpunkt ... Wenn es gegangen wäre, sogar noch tiefer ...
Dann erschien die Presse. Man hielt ihr Kameras ins Gesicht. Stellte noch viel peinlichere Fragen. „Was war Ursache des Brandes?", oder „Warum sind Sie halb nackt?", oder „Gehören diese verbrannten Spielsachen zu Ihnen?".
Eddy schwor sich, sich in Zukunft lieber zu langweilen.

George und die Fee

George stieg aus dem Auto. Verschloss es. Sein Weg sollte ihn in den Supermarkt führen. Der Kühlschrank war schon wieder einmal leer.
Er betrat den Markt durch die große Schiebetür.
Nur noch drei Wochen bis zum heiligen Fest. Doch seine finanzielle Situation ließ sich schon jetzt als katastrophal bezeichnen. Schon am Monatsanfang fast pleite. Als Arbeitsloser konnte man halt keine großen Sprünge machen, vor allem dann nicht, wenn man nicht auf sein Auto verzichten wollte.
Was für ein übles Leben.
Plötzlich bemerkte er eine Gestalt, die auf ihn zu torkelte. Er kannte sie von irgendwoher, konnte aber nicht einordnen, woher. Der Fremde, ein uralter Mann, hatte die Arme ausgestreckt. Er röchelte irgendetwas, packte George mit schmerzverzerrtem Gesicht an den Mantelaufschlägen und brach zusammen.
„Einen Krankenwagen!", schrie George.
Doch es war zu spät, der Alte lag regungslos vor ihm. Kein Atemzug bewegte mehr seinen Brustkorb. Der Notarzt konnte nur noch seinen Tod feststellen.
Verwirrt fuhr George nach Hause. Was für ein Tag ...
Er wollte sich ablenken, schaltete den Fernseher ein, um auf andere Gedanken zu kommen. Ein paar Talkshows halfen ihm, das Erlebte halbwegs zu vergessen: ‚Vera am Mittag', ‚Jörg Pilawa', eine Gerichtsshow.
Schließlich ging wieder einer jener Tage zu Ende, die er nutzlos auf der Couch verbracht hatte.
„Man müsste die Zukunft kennen", murmelte er, „dann hätte man weniger Probleme..."

Plötzlich zuckte ein Blitz durch den Raum. Rauch wallte auf. Im Zimmer stand ein kleines Mädchen in einem langen Kleid, mit einem Stab in der Hand. Rotes Haar fiel lockig über seinen Rücken. Sommersprossen auf den Wangen verliehen ihm etwas Schelmisches.

„Ich bin eine gute Fee", sagte das Mädchen, „ich bin hier, um dir einen Wunsch zu erfüllen."

„Das ..., das gibt's doch nicht", ächzte George. Fasste sich an den Kopf. „Drehe ich jetzt endgültig durch?"

„Nein", kicherte der Rotschopf. Sie fuchtelte mit einem Stab herum, so dass Funken aufsprühten. „Ich bin real. Du hast drei Wünsche frei."

George kniff sich in die Wange, befand, dass er wach, bei Sinnen war und dachte nach. Gerade in dem Moment, als er seinen ersten Wunsch formulieren wollte, sagte die Fee: „Ich verlange nur eine kleine Gegenleistung."

„So?" Misstrauen erwachte in ihm. „Was denn? Meine Seele kriegst du nicht."

„Quatsch! Wer will denn deine Seele? Könnte ich sowieso nichts mit anfangen ... Das wäre eher die Abteilung des Kollegen Teufel."

George hob fragend die Augenbrauen.

„Was denn dann?"

„Etwas von deiner Zeit verlange ich."

„Na, wenn's nicht mehr ist ..." George rieb sich die Hände. „Einverstanden."

Die Fee kicherte.

„Also gut, Mensch. Was wünschst du dir?"

„Ich habe da einen Wunsch. Dürfte für dich gar nicht so schwer zu erfüllen sein. Ich will durch die Zeit reisen können. Egal, ob Zukunft oder Vergangenheit. Das ist mein erster Wunsch!"

Die Fee lächelte, nickte. Dann machte sie mit dem Stab eine ausholende Bewegung. Wieder sprühten goldene Funken auf. „So sei es."

„Als erstes möchte ich in die Zukunft! Genau eine Woche voraus!"

Das Wohnzimmer verschwamm vor Georges Augen, löste sich auf. Als sich die Linien wieder zu einer festen Form vereinten, fand er sich dort, wo er bereits vorher gestanden hatte. Dem Wohnzimmer. George ging auf die große Funkuhr auf dem Fernseher zu. Ein Blick offenbarte ihm, dass wirklich eine Woche vergangen war. Er befand sich in der Zukunft. Sogar der Fernseher lief noch. Die Lottozahlen wurden genannt. Mit einem Stift schrieb George sich die Zahlen auf den Handrücken.

„Hurra!" Er wollte vor Freude in die Luft springen. Doch ein stechender Schmerz zog sich durch den Rücken. Als George die Hand hob, um die schmerzende Stelle zu berühren, geriet sie in Höhe der Augen. Die Haut schien älter und fahler. Auch fühlte sich sein Körper gebeugter und müder an.

Bestürzt eilte er ins Badezimmer, stellte sich vor den Spiegel, sah hinein. Ein älterer Mann betrachtete ihn, vielleicht zehn bis fünfzehn Jahre älter.

„Junge, Junge", entfuhr es ihm. „Das meinte sie also mit ʻetwas von meiner Zeit." Aber egal. Bald schon sollte ihn Reichtum für alles entschädigen.

„Jetzt will ich noch weiter in die Zukunft. Sagen wir zehn Jahre. Ich will sehen, wie es mir geht ..."

Das Wohnzimmer verschwamm wieder vor seinen Augen, die Konturen liefen auseinander, vereinten sich aber schon bald wieder. Doch die Umgebung war eine andere. Teure Möbel standen auf wertvollen Teppichen. An den Wänden vermisste George die Pop-Art-Bilder, fand stattdessen schwere Ölgemälde. Der kleine Fernseher war verschwunden. Stattdessen stand in einem kristallgläsernen Schrank ein riesiges Flachbildgerät mit allen technischen Raffinessen.

Er schaltete es ein und erschrak: Im Bildschirm sah Georges sich selbst als einen reichen Mann, der ein Interview gab und eine bildhübsche junge Frau an seiner Seite hatte. Wie war das möglich? Reich sein, endlich reich sein? Eine schöne Frau?

Georges Freude ging fast mit ihm durch. Das war vielleicht eine Zukunft. So ließ es sich doch leben!

In diesem Moment stieg in ihm wieder diese Schlaffheit und Müdigkeit auf. Er hob schwerfällig die Hand, führte sie vor die Augen, sah jedoch nur eine verschwommene fleischfarbene Masse. Erst als der Gealterte sie mit gestrecktem Arm betrachtete, sah er mit Entsetzen, wie runzlig sie war. Jetzt erst war er sich auch bewusst, dass er unter der Altersweitsichtigkeit litt. Mit neunundzwanzig Jahren altersweitsichtig – Georges konnte es nicht fassen. Außerdem war seine Haut faltig. Er war also noch einmal gealtert. Die Fee hatte ihm mindestens weitere 15 Lebensjahre geraubt! Von wegen gute Fee, eine verruchte Hexe ist sie!

„Hey!", keuchte George. „So war das aber nicht ausgemacht! Ich dachte, du nimmst mir nur einmal etwas von meiner Zeit. Das ist nicht fair!"

„Davon war nie die Rede", erklang die Stimme der Fee. „Ich hatte gemeint, pro Reise einen Teil deiner Zeit."

„Das ist Betrug!"

„Nein", kicherte das rothaarige Geschöpf, „das ist das Kleingedruckte ..."

Georges Gedanken überschlugen sich. Er war ein uralter Mann. Wie sollte man so eine schöne Zukunft erleben? Es könnte doch sein, dass sein Leben schon bald zu Ende war. Dann kam ihm ein anderer Gedanke. Was wäre, wenn er zurückkehrte in die Gegenwart. Scheiß auf Wohlstand und Reichtum. Was wäre, wenn er in die Vergangenheit reiste, sich selbst warnen würde? Dann würde der Pakt mit der Fee doch niemals existieren ...
Das wäre es doch ...
Ein breites Grinsen breitete sich auf seinem alten Gesicht aus.
„Ich will in die Vergangenheit – vier Stunden, bevor ich gestartet bin", sagte er mit brüchiger Stimme.
„Wie du willst", entgegnete die Fee.
Wieder verschwamm die Umgebung, um sich Sekunden später wieder zu einem klaren Bild zusammen zu setzen. George eilte los. Verließ die Wohnung. Irgendwo hier musste es doch sein. Seine schwachen Augen erahnten die Umrisse der Straßen. George folgte ihrem Verlauf. Rannte, so schnell ihn die Beine trugen. Fast überfuhr ihn ein Auto, als er über eine rote Ampel stürmte, erreichte schließlich den Supermarkt, hastete hinein, erkannte verschwommen die Gestalt, die da vor einem Regal stand.
Er selbst.
George war völlig außer Atem. Sein schwaches Herz raste und peinigte ihn.
Er taumelte auf sich zu, keuchte: „Mach´ es nicht."
Da durchbohrte ein stechender Schmerz die Brust. Das alte Herz ...
George taumelte auf sich zu.
Suchte Halt. Fand ihn irgendwo.
Dann wurde es schwarz vor seinen Augen.

Auf dem Schiff

Zwei Reisende standen an der Reling eines Schiffes. Sie betrachteten verzückt das grenzenlose Weit der Wellen, das sich in die Unendlichkeit erstreckte.
„Ich liebe die Natur", sagte der eine verträumt. Er atmete tief durch, offenbar genoss er die klare Seeluft.
„Ja. Sie ist so gewaltig. Schau dir diese Wellen nur an, so majestätisch", entgegnete der andere. Er seufzte befreit.
„Was gibt es Schöneres? Diese Wogen, diese Gewalt. Ich glaube, es gibt nichts Faszinierenderes als die Natur."
Sie standen da. Atmeten diese herrlich steife Brise, ließen sich den Wind um die Ohren pfeifen und fühlten sich eins mit den Elementen.
„Ich habe das Gefühl, die See reinigt meine gestresste Seele", sagte der eine. Dann lächelte er versonnen.
„Ja", antwortete der andere. „Herrlich, wie rau einem der Wind in die Seele fährt. Fern von jeder Stadt und von dem nervigen Verkehr. Das Meer ist einfach wundervoll."
„Natur ist etwas Unglaubliches. Man könnte den ganzen Tag hier stehen und sie genießen."
„Hast recht. Ich bekomme kaum genug von ihr."
„Herrlich, dieser Wind, da fühlt man sich wie ein neuer Mensch."
„Besser noch. Wenn man in der Natur ist, kann man seine Gedanken gehen lassen. Es ist wie eine Befreiung. Fast wie die Erlösung auf Erden."
„Es ist wirklich wunderschön."
„Ich kann es gar nicht oft genug sagen, wie sehr ich die pure Natur liebe."
„Man kommt viel zu selten dazu, diesen Genuss wahrzunehmen. Man hockt viel zu sehr in seiner Bude. Kommt

kaum 'raus. Sobald ich wieder zu Hause bin, werde ich öfter Spaziergänge machen. Die Natur hat einem so viele tolle Sachen zu bieten."
„Das stimmt. Man hat die Schönheit direkt vor der Haustür, aber man ist zu beschäftigt, sie zu sehen."
Der eine Mann atmete tief durch.
„Mmmh ... diese Luft ..."
„Wenn man diese Herrlichkeit sieht, dann weiß man, dass es einen Gott geben muss. All die Wolken, der Wind ..."
„... da bekommt man ein Gefühl von Freiheit. Ich liebe die Natur!"
„Ich könnte glattweg aus der Stadt ziehen. Irgendwohin aufs Land, wo man der Schöpfung näher ist."
„Ja. Irgendwo als Eremit sein Dasein fristen. Inmitten eines Waldes oder so. Oder als Fischer auf dem Meer."
„Das wäre was. Immer in der freien Natur sein. Jeden Tag diese Herrlichkeit genießen."
„Vielleicht sogar jede Nacht unter dem freien Himmel schlafen. Jede Sekunde in der Freiheit, den Elementen ausgeliefert sein."
„Das müsste herrlich sein."
„Man wäre ein Teil der Schöpfung. Ein Teil der Natur."
„Ja. Das wäre das Paradies auf Erden."
Plötzlich begann es zu regnen.
„Mist", grunzte der eine Mann missmutig. „Jetzt fängt's an zu regnen."
„Oh, Mann. Ausgerechnet jetzt."
„Lassen Sie uns wieder 'reingehen, sonst werden wir noch klatschnass."
„Mistwetter ..."

Gepflegte Nachbarn

Gepflegt sind diese Vorgärten. Irgendwo in irgendeiner Vorstadt. Jeder Busch, jeder Baum, jede Blume ist genau ausgerichtet. Auf den Zentimeter, vielleicht sogar auf den Millimeter.
Jedes der weißen Häuser steht akkurat neben dem anderen, getrennt durch die ebenso exakten Vorgärten. Die Autos vor den Garagen stehen ebenfalls genauestens ausgerichtet. Der Bordstein und die Straßen sind sauber. Man könnte von ihnen essen, wenn man wollte.
Selbst die Mülltonnen, die grünen, gelben und blauen, wirken wie methodisch aufgestellte Kunstwerke.
Dann, an einem Samstagmorgen, bleibt plötzlich ein alter Ford auf der Straße stehen. Sein Auspuff qualmt wie ein Feuer mit frischen Zweigen. Er stinkt. Gibt laute, klopfende Geräusche von sich.
Edward ist der erste, der ihn entdeckt.
Mit einem Gesichtsausdruck, der an einen ernüchterten Träumer erinnert, steht er am Zaun seines Grundstückes. Seine Fassungslosigkeit macht sich in sechs gekeuchten Worten Luft: „Was soll denn das da unten?"
„Sucht wohl einen Parkplatz", mutmaßt Henriette an dem anderen Zaun. Sie sortiert ordentlich den Müll auseinander, bevor sie ihn wegwirft. Kein rotes Döschen darf in eine gelbe Tonne.
„Ausgerechnet hier?", brummt Edward.
„Wieso nicht?", fragt Henriette.
„Na, was der Bursche hier will?"
Gerd, der Frührentner, stößt zu den beiden. „Der hat sich wohl im Viertel geirrt."

„Wenn der glaubt", knurrt Edward, „dass der hier so einfach seine Schrottmühle parken kann, wo er will ..." Er kratzt sich über die Halbglatze. Sein Blick ist wie magnetisch auf den fremden Ford gerichtet. „Hier herrscht Ordnung und Zucht!"
Ein junger Mann sitzt darin. Nestelt am Armaturenbrett herum. Scheint schwer beschäftigt. Der Motor läuft noch. Einige Male klappert und quietscht es laut.
„Der Vergaser", erkennt Gerd sofort, „das hat man davon, wenn man sein Auto nicht pflegt."
„Na ja", Henriette schließt den letzten Mülldeckel, „ist vielleicht ein armer Student oder so? Vielleicht kann er sich kein vernünftiges Auto leisten?"
„Arm?", echot Edward. Seine Augenbrauen schießen hoch. „Warum parkt er dann hier, inmitten unserer schönen Gegend?"
„Der wird doch wohl kein krummes Ding abziehen wollen?" Henriette sieht Gerd fragend an.
Der räsoniert daraufhin: „Vielleicht hat der ein illegales Ding vor? Mit so einem Auto?"
„Ja", schnauft Henriette, „zwei Straßen weiter haben sie vor kurzem eingebrochen. Gleich drei Mal. In drei verschiedenen Häusern."
„Vielleicht ist das da", Gerd wippt abfällig mit dem Kopf in die Richtung des ominösen Fahrzeugs, „ja so etwas wie ein Kundschafter."
„Ein Kundschafter?"
„Ja. Einer, der für seine Kumpane ausbaldowert, welche Häuser zurzeit nicht bewohnt sind. Wessen Bewohner sich vielleicht im Urlaub befinden. Oder besser, wer von unseren Leuten da ist und wer nicht?"

„Ja." Edward erfasst das Jagdfieber. „Vielleicht hat der es auf unsere Häuser abgesehen ..."
„Wie schrecklich!", entfährt es Henriette.
„Dieses Auto ist natürlich geklaut", schlussfolgert Gerd.
„Wer klaut schon so einen alten Wagen?" Edward kratzt sich nachdenklich das Kinn. „Warum nicht einen tollen, neuen Flitzer?"
„Ne, ne!" Gerd weiß es besser. „Das könnte zu sehr auffallen. Das ist doch ein alter Ford viel unauffälliger."
„Aber der Kerl im Auto erst einmal", flüstert Henriette. Es soll ja nicht gleich die ganze Stadt mitbekommen. „Dieser Spitzbart. Dazu der lange, schwarze Mantel..."
„Vielleicht ist er ein Exo..., ein Exi..." Gerd kratzt sich nachdenklich die Stirn.
„Ein Exhibitionist", vervollständigt ihn Edward.
„Genau das!"
Nun ist Frau Henriette etwas verwirrt.
„Ein – was?!"
„Einer, der sich vor anderen im Park plötzlich auszieht und völlig nackig zeigt", zischt Gerd. „Selbst bei Kleinkindern machen diese Unholde nicht Halt."
„Ein Kinderschänder?"
Henriettes Fassung geht nun endgültig verloren. „In unserem Viertel?"
„Das Auto ist verdächtig."
Der Fahrer bringt den Wagen nun endgültig zum Stillstand. Er stopft sich etwas in die Innentasche seines Mantels. Irgendetwas Unerkennbares, Unförmiges.
„Das waren bestimmt Drogen", keucht Gerd, „Ein Deadder, oder so ..."
„Du meinst einen Dealer", verbessert ihn Edward.
Henriette ist kalkweiß.

„Ein drogendealender Kinderschänder – und das in unserer Straße."
„Der Wagen könnte passen ..."
Die Tür schwingt auf. Der dunkel Bemantelte springt heraus, lässt die Tür krachend ins Schloss fallen. Sieht sich um.
„Seht ihr?" Edward flüstert erregt. „Der sucht nach einem Opfer."
Dann entdeckt der Fremde die drei. Streicht mit den Fingern über den Spitzbart und kommt näher.
Schreckensstarr weichen die drei zurück.
Als er sie erreicht, nickt er ihnen freundlich zu. Unter seinem Mantel trägt er ein schwarzes Hemd mit weißem Kragen.
„Guten Tag, die Herrschaften." Eine angenehme Stimme.
Nur Henriette erwidert den Gruß, die beiden anderen haben nur misstrauische Blicke.
„Wissen Sie, wie ich zur St. Georgs-Kirche komme?"
Stilles Schweigen.
„Ich bin der neue Pfarrer." Er wühlt in seinem dunklen Mantel und zieht einige Flyer heraus, überreicht sie den dreien. Darauf steht: **Heilige Messe: Nächsten Sonntag um 09:00 Uhr. Anschließendes Willkommensfrühstück.**
„Mein Name ist Dirk von Bleuberg."
„Äh", Henriette hat sich als erste gefangen, „Sie fahren einfach die Straße weiter runter, Hochwürden. Auf der linken Seite steht die Kirche. Ist gar nicht zu verfehlen."
Er bedankt sich. Setzt sich in sein Auto. Fährt los.
„Der neue Pfarrer?", fragt Edward, etwas verdutzt.
„War doch nett", lächelt Henriette.

„Na. Mit dem werden wir noch unseren Spaß bekommen", lässt sich Gerd vernehmen. „Ein Herr *von* Bleuberg. Ist wohl was Besseres ..."
„Wieso?"
„Was der sich wohl alles einbildet. Ne, ne. Der passt hier absolut nicht hin."
„Wieso?"
„Na, wie der Auto fährt ..."

Charlie Brown und ein Baseballschläger

Rumms! machte es im Wohnzimmer. Schlagartig war ich wach. Lauschte ins nachtdunkle Haus, und meine Rechte suchte den Baseballschläger, der sicherheitshalber stets neben meinem Bett lag.
Die Alarmanlage war nicht ausgelöst worden, aber diese miesen, völlig verblödeten Einbrecherbanden hatten da alle möglichen Mittel und Techniken, sie außer Gefecht zu setzen. soviel war sicher ...
Gerade zu Weihnachten hofften viele von diesen kleinen Mistkerlen auf reiche Beute.
Rumms!
Ja. Da war es wieder! Offenbar war da jemand im Haus.
Meine Hand schloss sich fest um den Griff des Schlägers. Die sollten mich kennenlernen, denn ich würde denen einen neuen Scheitel ziehen, den sie nie wieder zu bürsten brauchten! So gesehen einen erstklassigen Beulenscheitel.
Jacqueline schlief tief und fest neben mir. Offenbar hatte sie nichts von den Vorkommnissen mitbekommen. Ich wollte sie auch nicht wecken. Sie hätte mich nur von meinem heiligen Feldzug abgehalten.
Ich schlüpfte aus dem Bett. Schlich zur Schlafzimmertür.
Lauschte.
Horchte.
Witterte.
Waren da Schritte von unten zu hören? Summte da jemand ein fröhliches Lied? Offenbar fühlten sich diese Geier sehr sicher. Na, die sollten in den Genuss von mir, von meiner Eichenholztherapie kommen.
Ich schlich die Treppe hinab, trat erst einmal auf das quietschende Spielzeug unseres Basset-Hundes. Ein schiefer

Sound erfüllte für Sekunden die Wohnung. Stockstarr verharrte ich, lauschte abermals in die Dunkelheit.

Eine hinterhältige Stille legte sich, wie ein Zentnerballast, auf mich.

Doch dann wieder: Rumms!

Rückten die etwa meine Möbel zurecht? Bowlten sie in meinem Wohnzimmer?

Wie auch immer, sie fühlten sich offenbar sehr sicher.

Ich lauschte ein weiteres Mal in die Düsternis meines Hauses. Zuerst dachte ich, ich hätte mich getäuscht, doch dann wurde es zur Gewissheit: Da summte jemand ein leises Lied. Es klang wie: „Jingle Bells".

Der würde bald schon ganz andere Glöckchen klingen hören, dem würde ich einen drüberziehen, dass er noch zu Silvester etwas davon hätte ...

Ich schlich in den Korridor.

Plötzliche Zweifel überfluteten mich: Was war, wenn die Kerle besser bewaffnet waren als ich? Wenn es vielleicht sogar vier oder fünf Eindringlinge waren, mit denen ich nur schwer fertig werden konnte?

Für ein, zwei Sekunden zögerte ich. Mein Blick ging zu dem Baseballschläger. Ob der wohl reichte?

Vielleicht hätte ich mir letztes Jahr zu Weihnachten doch den Karatekurs von Jacqueline schenken lassen sollen? Oder vielleicht meinen Waffenschein gemacht??? Aber so dusselig, wie ich nun einmal bin, hätte ich mir jetzt wohl eher selbst in den Fuß geschossen. Oder ich hätte die Gastherme getroffen und damit meine Probleme und die der Einbrecher so für immer erledigt?

Nein!

Der Baseballschläger musste reichen. Ein Mann mit seinem Prügel. Ein Mann, ganz alleine gegen das Unrecht und Verbrechen dieser Welt. Ein Mann, der sein Heim schützte, der sich verteidigte. Einer gegen alle.

Obwohl: Ich fühlte mich ganz und gar nicht wie Charles Bronson. Eher wie der Kater Garfield oder wie Charlie Brown.

Vorsichtig spähte ich ins Wohnzimmer. Da am Fenster einige Lichterketten leuchteten, war es relativ hell dort. Im bunten Glimmer erkannte ich eine Gestalt. Sie stand direkt vor dem Kamin. Und ja: Sie summte.

Sie trug einen langen Mantel, hatte offenbar einige Pfunde zu viel auf den Rippen. Ein großer Sack stand neben ihr. Offenbar das Behältnis für ihre Beute.

Na, dir werde ich was, Männeken!

Aber was war das? Mein Basset Flocky saß artig und freudestrahlend neben dem Typ, wedelte mit dem Schwanz. Dabei schien er sich tierisch (im wahrsten Sinne des Wortes) zu freuen.

Dieser kleine Pharisäer!

Der sollte unser Heim beschützen, aber nicht als Komplize glänzen! Das nahm ich persönlich! Fehlte nur noch, dass Flocky die Beute zum Auto trug. Aber das hätte ich dem dämlichen Vieh auch noch zugetraut. Erst letztens hatte er aus Versehen die Nachbarskatze bestiegen. Offenbar war er etwas sehr verwirrt. Vielleicht war der Köter ja auch schon senil??? Oder er brauchte eine Brille? Eine Basset-Brille?

Weg mit solch dusseligen Gedanken!

Jetzt war die Zeit des Rächers gekommen. Die Zeit des einzig wahren Mannes: nämlich mir! Wobei: Der Vergleich mit Garfield oder Charlie Brown war irgendwie auch nicht von der Hand zu weisen ...

Egal!
Jetzt war die Zeit zum Handeln! Dieser fette Kerl sollte es bereuen, in meine heiligen Hallen eingedrungen zu sein! Ich pirschte mich vorsichtig an ihn heran. Da er mir den Rücken zuwandte, war das auch nicht allzu schwierig.
Dieser summende Blödmann ...
Diese rotbemantelte Schwuchtel ...
Hinter ihm blieb ich stehen. Holte weit aus. Dann schlug ich mit aller Kraft zu. Der Schläger fauchte herab. Traf den Einbrecher ins Kreuz. Der Dicke stöhnte einmal laut auf. Ächzte. Schnaufte.
Ich schlug ihm noch einmal entschlossen auf den Kopf.
Der Typ ging zu Boden. Blieb keuchend liegen.
„Hah!", brüllte ich. „Du mieser, kleiner Terrorist! Ich schlage dir die Birne ein!" Dann schlug ich noch einmal zu. Traf ihn wohl noch einmal am Kopf. Volltreffer. Es machte einmal hohl klong, dann gingen bei dem dicken Einbrecher wohl endgültig die Lichter aus.
Na, wer sagt es denn?
Garfield? Charlie Brown? Nein. Wohl eher doch Charles Bronson.
Mein Blick fand den Beutesack. Was der pummelige Anarchist wohl alles eingesteckt hatte? Ich wollte mir einen Überblick verschaffen, bevor ich die Polizei rief. So spähte ich hinein.
Was ich da sah, ließ mich stutzen.
Zig in buntes Weihnachtspapier verpackte Päckchen waren da drin.
Offenbar hatte dieser Wicht eher etwas gebracht als mitgenommen? Er hatte Geschenke verteilt.
Geschenke verteilt?
Ein roter Mantel?

Das Summen von Weihnachtsliedern?
Ein ganz, ganz mieses Gefühl machte sich in meinem Bauch breit. In meinem Schädel dämmerte so langsam, dass ich (wieder einmal) großen Mist gebaut hatte.
Ich legte den Baseballschläger zur Seite. Drehte den vermeintlichen Eindringling auf den Rücken. Wollte einfach nur sicher gehen. Vielleicht hatte ich mich ja getäuscht? Vielleicht gab es eine andere Erklärung? Vielleicht bestätigte sich meine Vermutung ja auch nicht? Vielleicht war ich doch einfach nur wie Charlie Brown?
Als ich ihn betrachtete, machte ich mich fast nass.
Der Typ hatte einen langen, weißen Bart, sowie dicke, rote Pausbacken. Seine Knubbelnase, als auch die kleinen Glöckchen an seinem Mantel ließen meinen Verdacht zur Gewissheit werden: Ich hatte den Weihnachtsmann ausgeknockt.
Oh-mein-Gott!
Mist!
Ich WAR in der Tat wie Charlie Brown!
Nix da – von wegen Charles Bronson!
Besorgt tätschelte ich dem Weihnachtsmann die Wangen. „Komm schon", schnaufte ich, „stehe auf. So fest war das doch gar nicht ..." Ich fächelte ihm Luft zu. Fühlte sogar seinen Puls. Gott sei Dank war der vorhanden. „Weihnachtsmann", ächzte ich, „mach keinen Blödsinn! Du wirst noch gebraucht ..."
Ich rüttelte verzweifelt an ihm.
Keine Chance.
Der Weihnachtsmann hörte wohl die Engelchen singen. Offenbar hatte ich das Weihnachtsfest versaut. Das war ja wieder einmal so typisch für mich. Wenn ich etwas tat, dann machte ich es richtig.

„Weihnachtsmann!", rief ich, schüttelte ihn abermals, doch ohne nennenswerten Erfolg. Der besuchte gerade die Walhalla. „Ach, bitte! Komm schon! Tu mir das nicht an!"
„Schatz?"
Ich schreckte auf. In der Tür stand Jacqueline, meine Frau.
„Was ist passiert?"
„Ich glaube, ich habe den Weihnachtsmann ins Nirwana geschickt."
„Sag einmal", knurrte sie, „hast du sie noch alle? Das kannst du doch nicht machen!"
„Ich dachte, er sei ein Einbrecher ..."
„Das ist ja wieder einmal so typisch für dich!", fauchte sie. „Letztens hast du auch gedacht, dass unsere Nachbarin, Fräulein Derderhausen, sich an Dich herangemacht hätte ..."
„... hat sie doch auch ..."
„Sie hat nur höflich *Guten Tag* zu dir gesagt."
„Aber dabei hat sie zuckersüß gelächelt."
Jacqueline verdrehte genervt die Augen. „Du könntest ihr Vater sein ..."
Mein sorgenvoller Blick fand wieder den Weihnachtsmann. „Was machen wir denn jetzt nur?"
In dieser Sekunde stöhnte der Bewusstlose laut und langgezogen auf.
„Ich glaube, er kommt zu sich", vermutete sie, kniete sich neben ihn. „Weihnachtsmann? Hörst du? Gehe nicht auf das Licht zu!"
Plötzlich schlug Santa Claus die Augen auf.
„Halleluja!", entfuhr es mir.
Jacqueline half dem Dicken beim Aufsetzen. „Weihnachtsmann? Wie fühlst du dich?"

„Als ... als wenn ich in ... in einem Kriegsgebiet Geschenke verteilt hätte ..."

Wir halfen ihm auf die Beine. Jacqueline brachte ihm einen Schluck Whiskey, der ihm wie Zunder in die Knochen fuhr. Aber Gott sei Dank war der Weihnachtsmann wieder unter den Lebenden.

Schuldbewusst sah ich ihn an. „Tut mir echt leid, Weihnachtsmann ..."

„Warum passiert mir das immer wieder?", brummte Santa übelgelaunt.

Meine Frau betrachtete ihn fragend. „Das passiert dir öfter?"

„Entweder man schießt auf mich, oder irgendein Halbwilder haut mir was auf die Rübe." Er massierte seinen Hinterkopf. „Das ist schon das achte Mal in dieser Nacht."

„Dann bin ich ja wohl nicht der Einzige?", hoffte ich auf ein mildes Urteil.

„Das macht es jetzt besser?", raunzte Jacqueline mich vorwurfsvoll an. „Du und deine unterschwelligen Aggressionen! Erst gehst du auf meine Mama los, dann schickst du auch noch den Weihnachtsmann auf die Bretter! Ich überweise dich wirklich bald zum Psychiater!"

„Aber ... aber ...", verteidigte ich mich, „deine Mutter ist ein Drachen!"

„Das ist kein Grund, ihr einen Drachen aus Marzipan zu schicken!"

„Das war doch lieb gemeint!"

Sie schnaufte zornig. „Ja, deine Karte mit der Aufschrift *Gleich und gleich gesellt sich gerne* auch?"

Ab da hielt ich lieber den Mund.

„Ich muss weiter", grollte der Weihnachtsmann, dabei sah er mich giftig an. „Ich bin schon froh, dass du keinen Waffenschein besitzt ..."
„Tut mir echt leid", raunte ich schuldbewusst. „Kommt nicht mehr vor. Echt!"
„Krawallbruder", knurrte er, Massierte sich immer noch seinen Hinterkopf. „Nächstes Jahr schenke ich dir wohl besser eine Zwangsjacke ..."
Mit diesen Worten verschwand er, ohne mich auch nur noch eines Blickes zu würdigen.
„Das hast du ja wieder ganz toll hingekriegt", schnauzte Jacqueline. „Im April machst du aus dem Osterhasen einen Braten?"
„Aber ... aber ... ich ..."
„Nein! Du bist echt ein Blödmann! Ich verstehe gar nicht, wie ich mit so einem Vollpfosten wie dir zusammenkommen konnte!" Mit diesen Worten stapfte sie aus dem Wohnzimmer, zurück ins Bett.
Ich saß da wie ein begossener Pudel.
Dann fand mein Blick die Geschenke. Verdient hatte ich sie bestimmt nicht, aber ich war dennoch neugierig. Ich öffnete eines davon. Meine Augen wurden groß. In meinen Händen hielt ich einen Charlie-Brown-Comic.

Geträumt

Die dunkle Straße. Das rote Schild. Die alte Linde. Der Gebrauchtwagenhändler an der Ecke. Ein Räuber vor mir. Er ist mit einer roten Skimaske vermummt. Richtet die Pistole auf mich, fordert mein Geld, ist erregt, nervös. Die Pistole zittert. Ich wühle das Portemonnaie aus der Tasche, halte es ihm hin. Er greift danach. Doch da ziehe ich es zurück, fasse seinen Waffenarm. Wir kämpfen, rangeln. Dann ein Knall. Ein Blitz. Ich falle. Falle immer tiefer ...

Schweißnass schreckte ich aus den Kissen empor. Starrte schlaftrunken durch das dunkle Zimmer. Mein Herz raste. Der Atem ging schnell und stoßweise. Ich brauchte erst einige Minuten, bis ich langsam wieder zu mir fand.
Die Uhr zeigte 02.15 Uhr morgens.
Ich horchte in die Dunkelheit. Außer dem Ticken der Wanduhr war es still. Der regelmäßige Atem meiner Frau verriet ihren Tiefschlaf.
Was für ein Traum.
Er war so realistisch gewesen, dass mir noch immer angst und bange war. Langsam erhob ich mich, schlurfte zum Kühlschrank, nahm einen kühlen Schluck Orangensaft. Vorsichtig kletterte ich ins Bett zurück, um meine Frau nicht zu wecken. Brauchte jedoch lange, bis ich wieder zurück ins Reich der Träume fand.
Am nächsten Morgen küsste ich meinen Schatz zum Abschied, fuhr um neun ins Büro. Mein Auto machte merkwürdige Geräusche, doch ich dachte mir nichts dabei.
Die Arbeit verlief wie immer. Anrufe geplagter Versicherungsnehmer füllten meinen Tag aus. Ich bearbeitete mit

gewohnter Routine meine Akten, führte Telefonate, sprach mit Vorgesetzten über diese oder andere Angelegenheiten. Als ich am Feierabend langsam zu meinem Auto trottete, war ich froh, dass der Arbeitstag vorüber war. Ich setzte mich hinter das Steuer. Startete. Lediglich ein jammerndes Geräusch ertönte. Nach weiteren erfolglosen Versuchen gab ich auf. Das Auto streikte, qualmte und rauchte.
Per Handy verständigte ich einen Reparaturservice.

Der Monteur erschien eine geschlagene Stunde später. Er blickte unter die Motorhaube, sah bedenklich aus. Rieb sich mit säuerlichem Gesichtsausdruck das Kinn. Schließlich teilte er mir mit, dass der gute alte Ford wohl ausgedient hatte.
Zylinderkopfdichtungen kaputt.
Mit einem Abschleppwagen trat das Fahrzeug seine letzte Reise an.
Also mit dem Bus nach Hause. So musste ein Arbeitstag unbedingt enden ...
„Der Wagen ist verreckt", sagte ich meiner Frau zur Begrüßung. „Da ist nichts mehr zu machen."
„Können wir uns einen neuen leisten?", fragte sie mit ernster Miene. Ich gestand mit schiefem Gesicht ein: „Wenn wir unsere letzten Ersparnisse zusammenkratzen, dann könnte es klappen. Ich will mir nicht irgendein billiges Auto kaufen, das an der nächsten Ecke wieder verreckt."

In den nächsten Tagen schaute ich mich in der gesamten Stadt nach einem neuen fahrbaren Untersatz um. Ich musste allerdings erkennen, dass die Preise extrem gesalzen waren. Die wenigen günstigeren Autos hielten meinem

prüfenden Blick nicht stand, sie standen nicht zur Wahl, entweder zu alt, zu viele Kilometer oder andere Mängel.
Bei einem Gebrauchtwagenhändler, den ich von irgendwoher kannte, fand ich schließlich *mein* Auto.
Der Kaufpreis war zwar auch nicht gering, doch meine Prüfungen befanden das Fahrzeug als kaufwürdig. Ich drückte den Preis sogar noch um einiges, so dass das Angebot derart reizvoll wurde, dass ich nicht mehr widerstehen konnte. Am selben Abend wollte ich wiederkommen, um den Kaufpreis in bar zu entrichten. So viel Geld schleppte ja keiner bar mit sich herum. Ich lief zur Bank, hob fast alles vom Konto ab. Dann machte mich auf den Rückweg zum Händler. Mit großer Vorfreude auf mein neues Auto lief ich die Straßen entlang. Als ich in die Straße mit dem roten Schild einbog, hielt ich plötzlich inne.
Ein rotes Schild?
Ein Gebrauchtwagenhändler?
In diesem Moment erinnerte ich mich erst wieder an den Traum, der mich einige Nächte zuvor heimgesucht hatte. Mir wurde es auch erst jetzt klar: Daher war mir der Gebrauchtwagenhändler bekannt vorgekommen.
Ich hatte von ihm geträumt. Von dem roten Schild.
Verwirrt stutzte ich.
An der Seite stand eine alte Linde. Wie zum Hohn bewegte sie ihre Zweige im Wind. Als wolle sie sagen: `Schau her! Ich bin auch da.´
Jetzt fehlte nur noch der Räuber mit der Pistole. Vermummt mit der Skimaske. Verunsichert sah ich mich um. Die Straße war völlig leer. Kein Mensch weit und breit.
Der perfekte Ort für einen Überfall.
Vorsichtig drückte ich mich an dem roten Schild vorbei.

Sollte ich weitergehen? Konnte ich einem Traum glauben? Nach wie vor sah ich niemanden. In der Ferne war der Gebrauchtwagenhändler. Seine Verkaufsschilder leuchteten mir, so schien es, hämisch entgegen.
Komm schon, schienen sie zu rufen, es passiert dir nichts. Es war doch nur ein Traum.
Argwöhnisch befühlte ich unter meiner Jacke das Portemonnaie mit dem Bündel Geldscheinen.
All mein Erspartes trug ich mit mir herum. Was konnte ich tun? Sollte ich meinem Traum glauben? Die Polizei rufen? Die hätten mich doch ausgelacht.
Ein Mann kam mir entgegen.
Ich zuckte zusammen. Dann erkannte ich erleichtert, dass er einen Hund an der Leine führte und sich augenscheinlich nicht für mich interessierte. Mit einem mulmigen Gefühl ließ ich ihn passieren. Hielt dabei die Hand auf die Jacke gepresst, fühlte das Portemonnaie.
Vorsichtig setzte ich den ersten Schritt in die Straße.
Nichts.
Dann den zweiten.
Die nächsten gewagter, lief ich schneller, dann noch schneller. Der Gebrauchtwagenhändler war knapp dreihundert Meter entfernt. Wenn es mir gelänge ...
„Hände hoch!"
Ich erstarrte.
Die Stimme war hinter meinem Rücken erklungen. Eine tiefe, männliche Stimme. Die Worte hektisch ausgestoßen. Als ich mich langsam umdrehte, rutschte mir das Herz in die Hose. Vor mir stand jener Mann mit der roten Skimaske. In seiner Rechten eine Pistole. Zitternd vor Erregung.
Das konnte doch nicht sein!

Bilder huschten in Sekundenbruchteilen an meinem inneren Auge vorbei.
Der Kampf. Das Gerangel. Der Schuss. Ich fiel.
Nein. Das konnte doch nicht stimmen!
So etwas gab es nicht.
„Gib mir deine Brieftasche, Mann", knurrte der Räuber und fuchtelte mit der Pistole vor meiner Nase herum.
Zitternd griff ich in die Innentasche. Zog das Portemonnaie heraus, hielt es ihm hin. Seine Pistole im Blick. Er riss mir das Geld aus der Hand.
Wenn ich jetzt zugreife ..., schoss es mir durch den Kopf. Ich wollte schon nach seiner Hand langen, überlegte es mir jedoch anders. Hielt inne. Er entriss mir die Brieftasche. Drehte sich um. Floh.
Als er um die Ecke gerannt war, hörte ich plötzlich das Aufheulen einer Polizeisirene. Jemand rief: „Stehenbleiben!", und „Waffe runter!"
Hastig rannte ich um die Ecke. Sah einen Streifenwagen. Zwei Polizisten standen daneben. Hielten ihre Pistolen auf den Räuber gerichtet. Der hob die Hände. In einer hielt er noch das Portemonnaie. Die Beamten rangen den Ganoven zu Boden. Entwaffneten ihn, nahmen ihm die Beute ab.
„Das ist mein Geld!", rief ich.
Einer der Polizisten sah mich an und bekam große Augen.
„Gott sei Dank", sagte er, „Sie leben."
Verwirrt sah ich ihn an.
„Wie – ich lebe?"
„Das werden Sie mir niemals glauben", sagte der Polizist. „Ich habe gestern Nacht von diesem Überfall geträumt. Deswegen sind wir auch jetzt hier. Nur waren Sie ..."
Irgendwie erleichtert lächelte er mich an.
„... in meinem Traum tot ..."

Mein Nachbar George

Wenn man bedenkt, dass alles so harmlos angefangen hat, erscheint es mir heute mehr als nur verwunderlich, dass das, was geschehen ist, wirklich passierte.
Mein Nachbar George war ein nervtötender Zeitgenosse. Als Frührentner hatte er nichts Besseres zu tun, als den ganzen Tag am Fenster zu verbringen, um die Nachbarschaft ,insbesondere mich, zu terrorisieren. Unsere Grundstücke grenzten unmittelbar aneinander. So teilten wir uns auch eine Garagenzufahrt, sowie ein Stück des Bürgersteiges.
George war ein überaus penibler Mensch. Schon die kleinste Kleinigkeit reichte bei ihm, mich aufzusuchen, um sich pausenlos über irgendwas bei mir zu beschweren.
Zum Beispiel die Hecke zwischen unseren Grundstücken, von der George fest überzeugt war, sie sei auf meiner Seite zu liederlich gestutzt und somit ein Schandmal für die gesamte Siedlung. Oder meine Kinder, die zu laut waren ...
George fand immer wieder einen Grund, vor meiner Haustür zu erscheinen. Er legte bei seinen Klagen grundsätzlich die Nuance einer Tonfärbung in die Stimme, die mich wissen ließ, wie wenig er von mir oder meiner Familie hielt.
Ich hörte ihm meistens still zu, versuchte ihn zu beschwichtigen oder verteidigte mich höflich. Er ließ aber nie locker, bis er meinte, seinem Recht Genüge getan zu haben. Das bedeutete im Allgemeinen, dass ich grundsätzlich derjenige war, der sich nachher entschuldigte.
Ich hasste diesen Kerl.
Jeden Tag ein bisschen mehr.

„Warum wehrst du dich nicht?", fragte mich meine Frau erregt. Sie schüttelte energisch den Kopf. „Lass dir doch nicht immer alles gefallen! Waschlappen!"
„Ich will keinen Ärger in der Nachbarschaft", pflegte ich zu entgegnen, „der wird schon irgendwann müde, uns zu drangsalieren."
„Wenn du dich nicht wehrst, wird der nie aufgeben! Benimm dich endlich wie ein Mann. Beziehe einmal in deinem Leben Stellung!"

Ich stand zwischen zwei Fronten. Bei meiner Frau und mir hing der Haussegen schon lange schief. War sie am Anfang unserer Ehe ein liebevolles Wesen gewesen, so entpuppte sie sich bald schon als ständig schimpfendes Ungeheuer. Doch ich ertrug alles. Warum, weiß ich heute selbst nicht mehr. Ich sehnte mich nach geruhsamen Stunden. Ging bald allen aus dem Weg. Genoss die wenige Zeit, in der ich mit mir alleine war.
George ließ hingegen nicht locker.
Immer wieder fand er einen Weg, mich zu kritisieren oder mich auf seine Art niederzumachen. Wie gesagt: Er hatte diese unglaublich arrogante Stimmlage, die mich immer wieder bis zur Weißglut brachte.

Eines Nachts hatte ich einen merkwürdigen Traum.
Ich war im Hause meines Nachbarn George.
Ich schlich durch das Wohnzimmer zu seinem Schlafzimmer. Dort baute ich mich dort auf.
„George!", rief ich mit lauter Stimme.
Der Schlafende schreckte hoch.
Ich ballte die Faust und schlug zu. Traf ihn direkt ins Gesicht. PENG.

Er fiel zurück auf die Laken. Starrte mit schreckensweiten Augen auf mich.
Dann träumte ich, wie ich ihn verfolgte, als Hund. Ich rannte hinter ihm her, doch anstatt laut zu bellen, rief ich immer wieder seinen Namen.
„George! George!"

Als ich am nächsten Tag von der Arbeit kam, entdeckte ich meinen Nachbarn an seiner Garage. Er sah übel aus. Tiefe Ränder lagen unter seinen Augen. Seine Haut war blass. Er sah aus, als wäre er dem Teufel persönlich begegnet. Völlig unausgeschlafen und übernächtigt starrte er mich an, grüßte knapp. Dann verschwand er im Haus.
Er hatte ein blaues Auge ...
Meine Frau begrüßte mich mit den Worten: „Na, hast du deinen Lieblingsnachbarn gesehen?"
„Ja", antwortete ich, „er sieht furchtbar aus."
„Dann brauchst du ja keine Angst vor ihm zu haben." Sie lächelte spöttisch.
Empört entgegnete ich: „Ich habe keine Angst vor ihm! Ich bin nur diplomatisch!"
Meine Frau lächelte herablassend. „Genau deswegen lässt du dich auch ständig von ihm wie ein kleines Kind behandeln."
Beleidigt zog ich mich zurück.
„Benimm dich endlich wie ein Mann", hörte ich sie noch rufen, anschließend nuschelte sie etwas wie: „Versager."
Ich hasste mein Leben. Alle waren gegen mich.
An diesem Tag ließ sich George nicht bei uns blicken.
Gott sei Dank.

In der darauffolgenden Nacht träumte ich wieder von ihm. Ich jagte ihn durch sein Haus, trieb ihn mit Schlägen und Hieben vor mir her. Ein unvorstellbares Gefühl des Triumphes. Ich jagte diese widerliche Kreatur gnadenlos durch die Etagen seiner Wohnung. Knurrte. Brüllte dabei wie ein wild gewordenes Tier. Er war irrsinnig vor Angst. Als ich ihn in seinem Wohnzimmer in die Ecke getrieben hatte, griff ich nach einem Schürharken, holte aus. Schlug auf ihn ein. Immer und immer wieder.

Am nächsten Morgen wollte ich zur Arbeit fahren, schloss gerade meine Garage auf, schob die schwere metallene Tür hinauf. Da begegnete ich ihm. Er kam aus dem Haus. Wollte seinen Müll nach draußen bringen. Als mein Blick auf ihn fiel, erschrak ich. Sein Kopf war völlig blau geschlagen. Überall Hämatome und Flecken, als sei er in die Hände eines wildgewordenen Schlägers gefallen.
„Guten Morgen", sagte ich.
Doch er sah mich nur aus schreckensweiten Augen an, stolperte wieder zurück in seine Wohnung. Rammte die Tür so heftig zu, dass der Knall über die ganze Straße hallte.
Verdutzt verharrte ich einige Sekunden. Wirre Gedanken schossen mir durch den Kopf. Ich kletterte in mein Auto. Dann fuhr ich zur Arbeit.
Während der gesamten Fahrt ging mir dieses Bild nicht aus dem Kopf. Dieser unglaublich malträtierte Schädel. Hatte er sich einmal zu viel mit jemandem angelegt? Hatte der das vollbracht, wozu ich mich nie getraut hätte? Doch warum hatte er so dermaßen erschrocken auf mich reagiert?

In den kommenden Nächten verfolgten mich diese Träume. Ich muss schon gestehen, dass sie mich fast mit unbändiger

Lust verfolgten. Immer wieder mit demselben Inhalt. Ich jagte George durch sein Haus. Gnadenlos. All mein Hass schien sich in meinen Träumen zu entladen. Ich schlug ihn. Bedrohte ihn. Würgte ihn. In meinem letzten Traum hatte ich ihn übel zugerichtet, hatte breitbeinig über ihm gestanden und geknurrt: „Morgen kommst du bei mir vorbei. Du entschuldigst dich gefälligst bei mir!"
Wimmernd hatte er vor mir gelegen. Zusammengerollt. Wie ein verängstigtes Tier. „Ich verspreche es! Lass mich bitte in Frieden!"

Als ich tags darauf von der Arbeit kam, stand George vor meiner Tür. Ich sackte ein Stück in den Fahrersitz, erwartete ich doch wieder eine Standpauke oder ein Scherbengericht arrogantester Güte. Ich stieg aus. Lief die Zufahrt zu meinem Hause hoch, da stürmte er auch schon auf mich zu. Sein Gesicht, als auch seine Arme waren über und über mit Blessuren bedeckt. Er sah noch schlimmer aus als die Tage zuvor.
„Entschuldigen Sie, bitte", stammelte er hastig, „Ich wollte Sie niemals belästigen. Bitte, glauben Sie mir. Ich werde Sie auch nie wieder belästigen."
„Ich verstehe nicht." Verwirrt schüttelte ich den Kopf. „Was meinen Sie?"
„Lassen Sie mich bitte endlich in Frieden!" Dann schlug seine Furcht in unmissverständliche Wut um. Er rief: „Ich warne Sie! Wenn Sie mich nicht zufriedenlassen, dann rufe ich die Polizei!"
Er machte auf dem Absatz kehrt, stürmte davon. Um mich verdutzt und völlig verwirrt zurückzulassen. Krachend flog seine Haustür ins Schloss.
In dieser Sekunde begriff ich.

Es fiel mir wie Schuppen von den Augen.
Doch konnte das möglich sein? Dass meine Träume auf unerklärliche Art und Weise Wirklichkeit wurden? Zuerst fragte ich mich, ob ich schlafwandele. Ausgeschlossen! Wäre aufgefallen! Nein! Meine Träume schienen sich jedoch auf mysteriöse Weise zu verwirklichen.
Völlig konsterniert betrat ich meine Wohnung. Verwirrt. Das war nahezu unglaublich. So beschloss ich, meinen Verdacht in der nächsten Nacht auf die Probe zu stellen.
Ich ging schon früh zu Bett. Als ich hinüberglitt in jene fremde Welt, die fern von der Realität liegt, betrat ich wieder Georges Wohnzimmer. Er saß auf der Couch. Las die Zeitung. Hatte mein Eintreten wohl nicht bemerkt. Da saß er also. Der fette Sack. Die Lesebrille auf der Nasenspitze. Vertieft in die Zeilen.
Suchst dir wohl wieder jemanden, den du tyrannisieren kannst, dachte ich. Ich ging um die Couch. Langsam. Legte die Hand auf seine Schulter. Er schrak hoch. Sah mich mit großen Augen an. Völlig sprachlos.
„Hallo, George", sagte ich kühl.
„Was ... was willst du noch von mir?", keuchte der Dicke. Er war völlig blass geworden. „Ich ... habe mich doch entschuldigt!"
„Gerechtigkeit", antwortete ich. „Ich will, dass du dich fühlst wie ich."
Ich packte ihn an den Kragen. Zerrte ihn auf die Beine. Die Zeitung fiel flatternd zu Boden.
Ich sah ihm ins Gesicht. Auge in Auge.
„Ich träume", keuchte George panisch. „Verdammt! Ich träume schon wieder! Geh aus meinen Träumen!"
„Unter einer Bedingung", sagte ich.
Er starrte mich aus großen Augen an.

„Du wirst morgen bei mir vorbei kommen, um dich bei meiner Frau zu entschuldigen! Auf die höflichste Form, die es gibt!"
Er nickte. Schweiß perlte auf seiner Stirn.
„Ja ... ja gut."
Ruckartig stieß ich ihn auf die Couch zurück. Betrachtete ihn drohend. Knurrte: „Ach ja. Zieh dir deinen schönsten Anzug an. Wir wollen doch nicht, dass es stillos aussieht."

Am nächsten Morgen klingelte es an der Tür. Ich saß gerade beim Frühstück, meine Tasse verharrte auf halber Höhe zu meinem Mund. Ich war gespannt.
„Mach du auf", sagte ich zu meiner Frau. Stellte die Tasse langsam wieder ab. Jede Sehne meines Körpers war gespannt.
„Ach, George", hörte ich meine Frau sagen. In ihrer Stimme lag ein merkwürdiger Unterton. „Kommen Sie doch herein."
George trat in die Küche.
Mir verschlug es fast den Atem.
Er trug seinen feinsten Anzug.
„Frau Dollbring", sagte er zu meiner Frau, fast flüsternd, wobei sein Blick mich furchtvoll streifte, „ich wollte mich bei Ihnen entschuldigen ... wegen ... wegen der Unannehmlichkeiten, die ich Ihnen bereitet habe ..."

Doch mein Rachedurst war noch lange nicht gestillt. Ich muss gestehen, dass ich George hasste. Er hatte mich zu lange gequält. Hatte mich viel zu viele Jahre mit seinem Spott und seiner Arroganz belästigt. Ich war noch nicht bereit aufzuhören. Ich leckte Blut. Das Ende meines Durstes war noch lange nicht in Sicht.

Meiner plötzlichen Macht bewusst, wollte ich nun bittere Rache für sein Vergehen.
Übertrieb ich? Mir egal. Ich wollte ihn los werden.
So drang ich in meinem nächsten Traum wieder in sein Haus ein.
„George", flüsterte ich, neben seinem Bett kniend.
Er schreckte auf. Sah mich aus entsetzten Augen an. Keuchte verzweifelt.
„Was willst du noch?!"
„Ich will, dass du wegziehst!", knurrte ich. Ballte die Faust und schwang sie wild in der Luft. „Verpiss dich!"
„Nein!", schrie er. „Niemals!"
Da sprang ich auf sein Bett. Meine Hände umschlangen seinen Hals. Wie Stahlklammern. Drückten zu. „Ich hasse dich!", kreischte ich, völlig bar jeder Beherrschung. „Verschwinde!"
Nach Luft japsend schlug er nach mir. Traf mich an der Schläfe. Rollte vom Bett. Schlug auf dem Boden auf. Kam wieder auf die Beine.
George floh zur Balkontür. Riss sie auf. Schrie: „Hilfe! Hilfe!"
Ich sprintete hinter ihm her. Packte ihn. Stieß ihn gegen die Brüstung. Ich war völlig außer mir vor wilder Wut.
„Tu mir nichts!", bettelte er.
Doch ich packte ihn am Kragen. Warf ihn über die Brüstung. Er schrie noch nicht einmal, als er stürzte. Mit einem üblen Geräusch schlug er unten kopfüber auf das Pflaster.
Dann erwachte ich schweißnass.

Die Polizei ging von Selbstmord aus.
Georges Nichte regelte den Nachlass. Ich drückte ihr mein Beileid aus, wobei ich ein Grinsen nur mühsam unterdrücken konnte. Am liebsten hätte ich laut gelacht, wäre vor

Freude durch den Garten gesprungen. Doch ich verkniff es mir.
Endlich frei.
Niemals wieder diesen tyrannischen Nachbarn auf meiner Türschwelle haben. Niemals wieder seine höhnischen Anschuldigungen ertragen müssen.
Endlich frei.
Ich lebte regelrecht auf. Lief pfeifend durch die Gegend. Mein übermäßiger Freudentaumel mochte vielleicht bei anderen merkwürdig gewirkt haben. Doch ich konnte nicht anders. Es war überstanden. Endlich.
„So etwas Schreckliches", sagte meine Frau eines Abends zu mir. „Direkt in unserer Nachbarschaft kommt es zu einem solch furchtbaren Geschehen. Davon bekommt man ja Albträume."
„Keine Angst, mein Schatz", grinste ich da, „das Träumen überlässt du lieber mir. Vielleicht träume ich heute Nacht von dir ..."

Das klügste Pferd

Auf einer Wiese standen drei Hengste, die sich darüber stritten, wer von ihnen wohl der Klügste sei. Sie kamen sich einfach nicht überein.

Das eine Pferd sprach: „Ich bin der Klügste von uns, denn jeden Tag arbeite ich fleißig. Ich helfe dem Herren auf dem Feld."

Da sprach das zweite: „Das kann nicht sein. Ich bin der Klügste, denn jeden Tag wählt mich die Herrin, um mit mir auszureiten. Ich kenne den Weg schon auswendig."

Das dritte, das älteste von ihnen, antwortete daraufhin: „Bin ich nicht der Schlauste? Ich stehe den ganzen Tag auf der Koppel, wobei ich nicht zu machen brauche. Ich muss nicht arbeiten, noch mit den Herren ausreiten. Ich habe meine Ruhe, kann tun und lassen, was ich will. Ist das nicht ein Zeichen für Klugheit?"

Da sprach das erste: „Faulheit ist doch kein Zeichen für Schlauheit. Ebenso wenig ist es klug, den ganzen Tag wie ein eitler Geck durch die Gegend zu stolzieren und mit dem Herren zu posieren."

Das zweite sprach: „Es ist aber auch nicht allzu gewitzt, den ganzen Tag hart auf dem Feld zu arbeiten. Aber den ganzen Tag unnütz herum zu stehen, ist für mich auch kein Beweis dafür."

„Ich weiß die Zeit, wann es Fressen gibt, Dann bin ich immer der erste, der am Trog steht", sprach das erste Pferd. „Außerdem verdiene ich mir mit meiner Arbeit jeden Tag Sonderrationen vom Herren."

„Du wirst schon bald alt und kaputt sein", antworteten die anderen ihm. „Die harte Arbeit wird Spuren an dir zurücklassen. Das ist nicht schlau."

Sie kamen einfach nicht darauf, wer von ihnen der Klügste war. Jeder beanspruchte dieses Recht für sich. Die drei stritten den ganzen Tag. Konnten sich nicht einigen.
Da sprach das erste Pferd: „Lasst uns ein Wettrennen veranstalten. Derjenige, der von uns gewinnt, der soll auch der Klügste sein."
„Doch was soll das für ein Wettrennen sein?", fragte das zweite Pferd, wobei es verächtlich schnaubte.
„Seht ihr den hohen Zaun dort hinten?", fragte das erste Pferd. Es wies mit dem Kopf auf einen mannshohen Zaun, der die Koppel an einer Seite abgrenzte. „Wer es von uns schafft, dort drüber zu kommen, der soll der Schlauste von uns sein."
„So soll es sein."

Das erste nahm Anlauf. Galoppierte auf das Hindernis zu. Sprang. Blieb mit den Hufen daran hängen. Es stürzte. Fiel hart zu Boden, wobei es sich die Beine verstauchte.

Sodann versuchte es das zweite Pferd, lief auf den Zaun zu. Sprang. Doch auch er schaffte es nicht. Es prallte gegen das Hindernis, so dass es sich eine dicke Beule am Kopf zuzog.

Das dritte Pferd schüttelte den Kopf.
Es sprach: „Ich habe gewonnen."
„Wieso", protestierten die beiden anderen. „Du bist doch gar nicht gesprungen."
„Ja. Eben."

Die Sache mit der Sensationslust

Beim Kaffeeklatsch.
„Bald beginnt die Fußball-WM", sagte Anne. Reichte ihren Freundinnen den Kaffee vom silbernen Tablett.
„Ach, Fußball ist doch nicht mehr das, was es mal war", entgegnete Doris, „da lassen sich Schiedsrichter bestechen."
„Außerdem gehen die Spieler auch immer brutaler miteinander um", sagte Magret. Sie nahm einen Schluck von ihrem Kaffee. „Es werden doch immer mehr rote Karten gezeigt."
„Wirklich?", fragte Anne.
„Ja. Habe ich im Radio gehört."
„Dabei sollen die Stadien gar nicht mal sicher sein", entgegnete Doris. „Die meisten sind durch die Tests gefallen."
„Das muss schrecklich sein, wenn so eine Tribüne zusammenbricht", erklärte Magret. Es schauderte sie sichtlich. „Stell dir nur mal die Panik vor."
Anne nickte. „Ich stelle mir das schrecklich vor, unter dem Schutt eingeklemmt zu sein."
„Ja." Doris schüttelte den Kopf. Man sah ihr das Entsetzen an. „Überall Verletzte und Tote. Das muss furchtbar sein."
„Im Fernsehen haben die gesagt, dass die auch Angst vor den Hooligans haben", sagte Anne. „Die reisen doch nur an, um hier Ärger zu machen."
„Dabei werden doch bestimmt wieder Unbeteiligte verletzt." Magret nahm sich einen Keks, dann sprach sie mit vollem Mund weiter: „Wie immer."
Anne nickte. „Die Polizei hat die schärfsten Sicherheitsvorkehrungen angekündigt."
„Dabei sind die Hooligans noch nicht einmal die schlimmsten", sagte Doris, „stellt euch mal vor, Terroristen zünden

bei einem Spiel eine Bombe. Bei dem Gedränge ist das doch die Hölle."
Anne stellte die Tasse ab. „Die rechnen ja fest mit einem Anschlag, ich habe erst gestern einen Bericht im Fernsehen gesehen, da hat ein Polizist davon gesprochen."
„Was? Echt?" Doris sah die Freundin aus großen Augen an.
„Ja. Die wissen noch nicht wann, aber die sind sich sicher, dass es einen Anschlag geben wird."
„Wenn die eine Bombe zünden, das gibt doch bestimmt hundert Tote ..." Margret sah die beiden anderen aus großen Augen an.
„Mindestens", bestätigte Anne. „Wenn die dicht gedrängt in den Rängen oder vor den Stadien in den Warteschlangen stehen, ist das doch ein lohnendes Ziel."
Doris schüttelte den Kopf. „Schrecklich!"
„Es war ja sogar im Gespräch, die Bundeswehr heranzuziehen, so sicher sind die sich."
Magret nahm sich noch einen Keks. „Was wohl passiert, wenn die eine dreckige Bombe zünden?"
„Eine – was?"
„Eine dreckige Bombe. Eine Plutoniumbombe. Das gibt tausend Tote. Alles wäre verseucht."
Doris schüttelte den Kopf. „So etwas gibt es doch gar nicht."
„Doch", warf Magret ein. „Das haben die im Fernsehen erzählt. So eine Bombe wäre gar nicht schwer herzustellen."
Anne schüttelte den Kopf. „Ach, die im Fernsehen erzählen viel, wenn der Tag lang ist. Die machen ja die ganze Bevölkerung verrückt. Die mit ihrer Sensationsgeilheit."
Doris nickte. „Ja. Da hast du recht. Gott sei Dank sind wir nicht so ..."

Mein Ratgeber? MEIN BAUCH!
nach einer Idee von meiner Nichte Celine

Oh ja.
Ich hatte ordentlich zugelegt. Mein Bauch war dick und stramm. Er gab mir das Aussehen eines pummeligen oder schwangeren Monchichis. Jacqueline, meine Frau, liebte ihn, konnte sie sich doch nachts darauf legen, als sei ich ein riesiges Luftkissen oder Hüpfburg (hätte nur noch gefehlt, dass sie wirklich auf mir herumhoppste ...). Oder sie lehnte sich, wenn wir abends auf der Couch saßen, dagegen. So diente er ihr als quadratisch-praktische Stütze.
Ich konnte sogar mein abendliches Bierglas darauf stellen, ohne dass es kippte oder herunterfiel. So ein körpereigener Beistelltisch ist doch was Feines ...
Außerdem, bekannterweise, schwamm Fett ja auch oben. So war die Gefahr des Ertrinkens in der Badewanne oder auf hoher See, nahezu unmöglich ... Na gut. Die hohe See war zwar für mich tabu, da ich mich vor tiefem Wasser fürchtete, aber es war immer gut zu wissen, dass man trotzdem „safe" war (auch eine Badewanne konnte unter Umständen sehr tief sein). Selbst so egozentrische Gestalten wie Poseidon konnten mir da absolut nichts.
Doch dieser Bauch sollte mir noch so einiges Kopfzerbrechen bereiten.
Es begann, als ich auf der Arbeit, am Rechner, saß. Ich sollte eine knifflige Aufgabe lösen.
Es gab damals drei oder vier mögliche Lösungsmöglichkeiten, eine komplizierter, aber möglicher, als die nächste. Ich saß da also, wobei ich mir den Kopf heißgrübelte.

Plötzlich erklang da eine Stimme: „Hey, Boss, nimm die Abteilung Straßenbau als Beratung hinzu."
Diese Stimme klang, als käme sie tief aus meinem Innern.
Ich schrak zusammen. Sah mich wild um. Ich war alleine im Büro.
Nun gut.
Offenbar war ich überarbeitet, dass ich schon Stimmen hörte. Allerdings hoffte ich auf der anderen Seite, dass mich keine psychische Störung eingeholt hatte; oder schlimmer noch: dass ich besessen war!
Ich schüttelte das ab, wollte weiterarbeiten, als die Stimme wieder sprach: „Hey, Boss! Nimm die Abteilung Straßenbau zur Hilfe."
Ich sprang entsetzt von meinem Bürostuhl auf. Strauchelte zur Wand. Hielt mich daran fest. „Wer ... wer ist da?!"
„Na, ich", erklang die kecke Stimme, „dein Bauch ..."
Um Himmelswillen! Drehte ich jetzt durch? Andere Leute hörten Stimmen im Kopf, ich hörte sie in meinem Bauch? Warum konnte nicht die blutjunge Praktikantin, Fräulein Derderhausen, zu mir sprechen?
„Das kann nicht sein", stammelte ich. „Das ist doch unmöglich!"
Ich lauschte tief in mich, doch diese Stimme wiederholte sich nicht. Auch nicht, als ich auf meinen Bauch trommelte. Immer wieder: „Hallo?" rief. Sie schwieg beharrlich.
Nun gut.
Offenbar war ich urlaubsreif. Ich machte an diesem Tag früher Feierabend. Wollte nach Hause fahren. Als ich im Auto saß, an einer roten Ampel wartete, klingelte plötzlich mein Handy. Reflexiv wollte ich, verbotenerweise, abheben.

Plötzlich erklang wieder diese Bauchstimme, die tadelnd zu mir sprach: „Hey, Boss, mach das nicht! Geh bloß nicht dran! Hinter dir steht die Polizei!"
Ich schrak abermals zusammen. Sah in den Rückspiegel. In der Tat stand hinter mir ein Streifenwagen. Den hatte ich vorher gar nicht gesehen. Die Stimme hatte mich vor einem Punkt in Flensburg und einer Anzeige bewahrt.
Ich legte das Handy wieder auf den Beifahrersitz, murmelte verwirrt: „Dankeschön, Bauch." Anschließend fuhr ich nach Hause.
Während der Fahrt dämmerte mir langsam, dass diese Bauchstimme gar nicht einmal so schlecht war ...
Begeistert erzählte ich Jacqueline davon.
Die sah mich an, als käme ich aus Bottrop-Kirchhellen.
„Lass das Biertrinken sein", riet sie mir mit einer Stimmlage, als spräche sie mit einem Patienten von der Geschlossenen. „Das bekommt dir nicht gut ..."
Ich ließ es daraufhin lieber.
Ich glaube, ich hätte ihr lieber etwas von rosafarbenen Elfen im Mond berichten sollen, das hätte sie mir wohl eher geglaubt.

In den nächsten Tagen hörte ich nichts mehr.
Erst, als ich einen Anruf von Jutta, meiner Ex-Freundin bekam, meldete sie sich wieder. Jutta klang am Telefon entspannt und extrem freundlich (normalerweise hatte sie echt Haare auf den Zähnen, sowie Krallen, die sie gerne ausfuhr). Jutta erzählte mir im netten Plauderton, dass sie mich als platonischen Freund vermisse. Sie wolle sich gerne mit mir treffen.
„Hey, Boss, das glaubt die doch selbst nicht. Mach das bloß nicht", riet mir mein Bauch. „Das könntest du echt bereuen.

Du kennst sie; sie ist die schlimmste Xanthippe, die es gibt. Die beißt sogar einen ausgewachsenen Löwen, wenn der sich nicht schnell genug davonmacht ..."
Ich lehnte daraufhin ihr Angebot dankend ab.
Schlagartig änderte sich Juttas Stimmlage. „Was ich mir denn einbilden würde?", „Typen, wie mich, gäbe es an jeder Ecke" und ich sei „ein eingebildeter Arsch mit einem Gottkomplex".
Als sie mir auch noch unverhohlen androhte, mich ganz übel zu verhauen, mir die Zähne einzuschlagen, anschließend dann eigenhändig mein Genick zu brechen, beendete ich das Gespräch lieber.
Dankbar streichelte ich über meinen Bauch. Echt dankbar!
Auf den war echt Verlass ...

In den nächsten Wochen meldete er sich stetig immer wieder. Einmal war es eine unübersichtliche Verkehrssituation, vor der er mich warnte, ein anderes Mal machte er mir klar, dass es wohl kaum eine gute Idee war, zu sehr mit der süßen Frau Derderhausen zu flirten (das sei saudämlich). Dann ermahnte er mich, den Hund meines Kumpels nicht zu streicheln. Der stellte sich im Nachhinein als latent mieslaunig und bissig dar.
Immer hatte er recht.
Das war die Zeit, als mir Jacqueline zum Abendessen nur noch Rohkost und Gemüse servierte. Sie tat es mit den Worten: „Du musst an deine Gesundheit denken. Du wirst immer dicker."
Ich wollte mich weigern.
Aber sie gab mir unmissverständlich zu versehen, dass das jetzt halt so sei und auch so bleibe. Zudem zwang sie mich

zu Bodengymnastik. Jeden Abend. Ich hatte kein Mitspracherecht. (Ich stehe wirklich nicht unter dem Pantoffel ...)

In den nächsten Wochen schrumpfte mein Bauch. Auch die Stimme wurde immer leiser. Verzweifelt konstatierte ich, dass mich mein heißgeliebter Ratgeber langsam verließ.
Heimlich wollte ich ab jetzt abends immer Fritten naschen, doch da meldete sich die Stimme: „Hey, Boss. Lass das lieber, sonst geht deine Beziehung dabei in die Brüche."
Ich hörte auch jetzt, schweren Herzens, auf sie.
Mit meinem Bauch ging auch mein Freund, mein weiser Ratgeber. Mein Gefährte. Bald hörte ich ihn gar nicht mehr. Dafür war ich schlank wie ein Reh. Ich traf schlechte Entscheidungen, die uns fast in den Ruin, fast um meine Beziehung brachten.
So flirtete ich ausgelassen mit Fräulein Derderhausen, sie verliebte sich in mich. Die kleine Hexe begann, mich übelst zu stalken. Sie erzählte die wildesten Lügen, so dass ich letzten Endes fast meinen Job verlor. Ich zeigte sie an, doch auch das war eine Fehlentscheidung. Es wurde noch schlimmer. Erst, nachdem sie rechtskräftig verurteilt wurde, war Ruhe.
Ich saß deprimiert auf meiner Couch, wobei ich meiner Stimme nachtrauerte.
Alles vorbei.
Alles verloren.
Für immer.
Immer wieder fragte ich nach ihr, rief nach ihr oder lauschte angestrengt in mich hinein. Doch da war nichts mehr, außer trostloser Stille.

Würde ich jetzt, in Zukunft, nur noch unsinnige Entschlüsse treffen? Die Gefahr war groß. Ich rief laut: „Sprich doch bitte wieder mit mir."
Plötzlich hörte ich wieder eine Stimme in mir, die frivol rief: „Jetzt trauere nicht, wie eine alte Vettel! Geh zu deiner Frau. Besorge es ihr so richtig. Danach vögelst du auch noch Clarissa, die Auszubildende. Die steht auf dich!"
„Bauch?", fragte ich zweifelnd. „Bist du das?"
„Nein!", kicherte die Stimme. „Ich bin´s: Dein Penis!"
Da flippte ich völlig aus.

Wer die Zukunft kennt

Ich war Single.
Ich war arbeitslos.
Ich war verschuldet.
Mein Leben hatte irgendwie den Sinn verloren. So recht glücklich war ich nicht mehr. Jeder Tag, in den ich von neuem hineinvegetierte, wurde nur noch schlimmer. Es verging kein Tag, an dem ich mir nicht wünschte, ich sei jemand anders oder im schlimmsten Fall: Ich wäre nie geboren worden.
Um mein bisschen Geld ein wenig aufzupolieren, durchsuchte ich den Sperrmüll auf der Straße. Das, was brauchbar war, verkaufte ich am Wochenende auf dem Trödelmarkt. So kam ich mehr oder weniger über die Runden.
Auf meinen abendlichen Streifzügen durch den Wegwurf meiner Mitmenschen fand ich eines Tages eine rote Kristallkugel. Ich weiß nicht, was mich dazu antrieb sie mitzunehmen, aber ich steckte sie ein und brachte sie nach Hause.
Daheim angekommen betrachtete ich mir meinen Fang genauer. Sie schimmerte in pastellen Rottönen. Glänzte wie frisch gewienert. Auf dem Trödelmarkt würde mir so ein Stück wohl ein paar Euro einbringen.
Ich fuhr mit der Hand über das kühle Glas, warum weiß ich heute auch nicht mehr.
Auf einmal erlosch das rötliche Glimmen. Ich erkannte im Zentrum des Glases ein Bild. Verwundert wich ich erst zurück. Sah es mir dann aber genauer an. In der Kugel sah ich mich, wie ich mit einer jungen, hübschen Frau sprach. Sie war dunkelhaarig, hatte eine blonde Strähne im Pony. Das

Bild verschwamm, ein neues kristallisierte sich hervor. Ich küsste diese Frau, ging mit ihr Arm in Arm über eine Straße.
Dann verlosch die Kugel.
Verwirrt legte ich das Kristall fort. Legte mich zur Nachtruhe. Schlief auch schnell ein.

Am nächsten Morgen wollte ich bereits früh aufstehen, um zum Trödelmarkt zu gehen. Nur die frühen Vögel kriegen die dicksten Würmer. Als ich an meinem Stand auf Kundschaft wartete, sah ich plötzlich die Brünette an meinen Auslagen. Blond und hell schimmerte ihr Pony.
Überrascht fragte ich: „Kann ich etwas für Sie tun?"
„Nein. Ich schaue mich nur um."
Wir sprachen ein paar Takte. So kamen wir ins Gespräch. Sie hieß Heike, war ebenfalls arbeitslos. Heike war rund vier Jahre jünger als ich. Wir verplauderten fast ganze drei Stunden. Als ich mir meiner Sache sicher war, fragte ich sie, ob sie denn nicht mit mir ausgehen wolle.
Sie bejahte.
Noch am selben Abend waren wir ein Paar.
Als ich zwei Tage später die Kristallkugel hervorholte, war ich bereits neugierig, was sie mir dieses Mal zeigen würde. Ich strich mit der Hand über das Glas. Sofort zeigte sich mir ein Bild.
Ich hielt einige Geldscheine in der Hand. Freute mich offensichtlich darüber.
Dann verlosch auch dieses Bild.
Am nächsten Tag fand ich direkt vor meiner Haustür ein Portemonnaie mit rund vierhundert Euro. Da nirgends ein Ausweis oder Führerschein in der Geldbörse zu finden war, konnte ich das Geld behalten.
Wieder hatte die Kugel recht behalten.

Ich beschloss, sie zukünftig öfter zu befragen. Diese Kugel war ein wahrlich großes Geschenk für mich. Wer weiß, vielleicht konnte man aus ihr ja auch einen beträchtlichen Gewinn schlagen. Wenn ich es geschickt anstellte, würde ich bald wesentlich weniger Probleme haben ...

Ich sah fortan fast jeden Abend in die Kristallkugel.
Mal sah ich einen Streit, den ich mit meiner Freundin hatte, dann die Begegnung mit einem alten Freund, den ich schon seit langen Jahren nicht mehr gesehen hatte. Alles traf so ein, wie es die Kugel voraussagte.
Es war faszinierend.

Dann – es war an einem Donnerstagabend.
Ich sah einmal wieder in die Kugel, um zu sehen, was denn als nächstes auf mich wartete, da wurde ich bleich. In den Schlieren formte sich ein Bild. Da stand ein Sarg, aufgebettet auf einem mit Blumen geschmückten Tisch.
Einige Leute standen darum. Offensichtlich trauerten sie.
Als ich näher hinsah, bekam ich fast einen Herzinfarkt. In dem Sarg lag jemand, den ich verdammt gut kannte: Nämlich ich.
Erschrocken und verstört legte ich die Kugel beiseite. Sah die nächsten Tage nicht mehr hinein. Blieb zu Hause. Traute mich nicht mehr aus dem Haus. Heike musste alle Einkäufe erledigen, um die nötigen Besorgungen zu verrichten. Sie fragte mich zwar, was mit mir sei, ich sei so verändert schreckhaft geworden. Doch ich wich ihr aus. Erzählte ihr, mir ginge es nicht gut. Bald schon würde es besser werden.
Doch es wurde nicht besser.
Eher schlechter.

Heike machte dieses Spielchen noch ungefähr drei Monate mit, dann stellte sie mich vor die Wahl: Entweder ich riss mich zusammen oder sie sei weg.
So nahm ich meinen letzten Mut zusammen, traute mich vor die Tür, um ihr zu beweisen, dass ich wieder der Alte war.
Jedes Geräusch jagte mir Angst ein.
War es die Straßenbahn, die ratternd vorbei fuhr oder ein Flugzeug, das tief über die Stadt flog. Ständig gehetzten Blickes lief ich die Straße entlang. Heike schüttelte den Kopf.
„Jetzt reiße dich mal zusammen. Es ist doch alles in Ordnung."
In diesem Augenblick quietschten Reifen.
Mein Kopf flog herum.
Ich sah das Auto, das scheinbar die Kontrolle verloren hatte. Auf mich zu raste. Für einen Gedankenbruchteil stand ich starr. Dann sprang ich zur Seite. Dumpf schlug der Wagen gegen die Mauer neben mir. Hatte mich nur um wenige Zentimeter verfehlt.
Erleichtert atmete ich aus.
Sah Heike an.
In diesem Moment wurde ich von einem großen Schatten überflutet. Ich blickte im Reflex hoch. Sah noch das Klavier, das auf mich zufiel.
Es wurde dunkel um mich.

Rot

Ich liebte meine Frau über alles. Seit dem ersten Tag, als wir zusammenkamen, waren wir wie Topf und Deckel. Wir ergänzten uns. Liebten uns innig. Der einzige Nachteil an meinem Leben war, dass ich hoch verschuldet war, in einem schlecht bezahlten Job vegetierte und wir wenig Geld hatten.
Wie die meisten schrägen Dinge im Leben passierte mir das auch unerwartet. Ich bekam Besuch. Von IHM.
Ich lag abends im Bett. Dachte an nichts Böses. Da gab es einen Knall, Rauch stieg auf. Plötzlich stand der Teufel vor mir.
Erschrocken fuhr ich im Bett hoch.
Er sah so aus, wie ich ihn mir immer vorgestellt hatte. Rote Haut, Hufen, Hörner, sowie gespaltene Hufe.
„Was ... was willst du von mir?", fragte ich verschreckt.
„Ich bin gekommen, um dir einen Gefallen zu tun", erklärte der Gehörnte. „Sage mir, was du willst, dann sollst du es bekommen."
„Einfach so?", fragte ich misstrauisch.
Beelzebub lachte. „Natürlich nicht. Dafür bekomme ich deine Seele."
Das schien mir ein faires Geschäft zu sein, glaubte ich ohnehin nicht an die Existenz einer Seele. „Gut", nickte ich, „einverstanden."
„Dann lass mal hören, was du willst."
„Ich wünsche mir Geld. Ganz viel. Tausende. Hunderttausende. Millionen."
„So sei es."
Er schnippte einmal mit seiner Rechten.

„Ich werde bald wiederkommen", erklärte er breit grinsend, „dann werden wir weitersehen."
Er verschwand.
Im ersten Moment dachte ich, ich hätte geträumt. Doch am nächsten Tag schon wurde ich eines Besseren belehrt. Denn als ich im Lottogeschäft meinen Tippschein abgeben wollte, erklärte mir die freundliche Bedienung: „Sie haben gewonnen. Sechs richtige."
Fassungslos starrte ich sie an.

Die nächsten Wochen waren wie ein Rausch. Meine Frau und ich lebten in Saus und Braus. Wir kauften uns zwei Sportwagen, ein Haus. Richteten uns fürstlich ein. Wir genossen unseren Wohlstand. Feierten ein Fest nach dem nächsten.
Uns ging es richtig gut.
So verstrich ein Jahr. Von Kamerad Beelzebub war noch immer nichts zu sehen, so vergaß ich ihn irgendwann.
Als ich eines Tages vom Golfspielen nach Hause kam, fand ich die Wohnung leer vor. Ich ging ins Badezimmer um mich frisch zu machen, da sah ich auf einem Handspiegel, der auf dem Waschbecken lag, eine weiße puderige Substanz, die in einer langen Linie zusammengekehrt worden war. Ich tauchte den Finger in das Pulver, um damit meine Zunge zu benetzen. Sie wurde taub.
Ich fiel aus allen Wolken.
Kokain.
Als meine Frau abends nach Hause kam, stellte ich sie zur Rede. Erst bestritt sie, das Kokain würde ihr gehören, doch als ich nicht lockerließ, gestand sie schließlich.
Entsetzt fragte ich: „Mein Gott. Wie lange nimmst du das schon?"

„Seit knapp vier Monaten."
„Und wie oft?"
„Mittlerweile drei bis vier Mal am Tag."
Ich traute mich gar nicht weiter zu fragen. „Kommst du ohne das Zeug mittlerweile noch aus?"
Langsam schüttelte sie den Kopf und dieser Bewegung lag etwas Endgültiges.
Mir zerriss fast das Herz. Meine geliebte Frau.
„Du musst unbedingt einen Entzug machen", forderte ich.
„Ich weiß nicht, ob ich die Kraft dazu habe."
Ich redete stundenlang auf sie ein. Schließlich stimmte sie mir zu. Ich machte einen Termin in einer Entzugsklinik. Da wir Privatpatienten waren, ging alles sehr schnell. Das war auch die Zeit, als mir Satan zum zweiten Mal erschien.
„Nun", fragte er süffisant grinsend, „bist du zufrieden?"
„Nein", knurrte ich. „Du hast mich betrogen! Durch unseren Reichtum ist meine Frau drogenabhängig geworden. So haben wir nicht gewettet. Ich trete vom Vertrag zurück."
„Das kannst du nicht."
„Oh doch. Du hast mich betrogen. Ich mache den Vertrag rückgängig!"
Der Teufel knurrte: „So, so. Hintergehen willst du mich? Na warte. Dafür belege ich dich mit einem Fluch. Ab jetzt soll rot dein Schicksal sein. Wann immer du rot siehst, wirst du zum Tier."
Er verschwand.
Verdutzt blieb ich zurück. Was sollte das denn jetzt?
Na egal. Hauptsache ich war aus dem Vertrag entlassen. In den darauffolgenden Tagen verlor ich all mein Geld. All meine Anlagen platzten oder die Aktien, in die ich investiert hatte, gingen bankrott. Die Autos fuhr ich zu Schrott, das Haus brannte ab. Das war mir jedoch egal. Hauptsache

meine geliebte Frau wurde wieder zu dem Menschen, den ich in Erinnerung hatte. Der Mensch, nach der ich mich so sehr sehnte.

Ich machte mich bereit, sie zu besuchen. Stieg in die Bahn. Da stand dieser Mann mit der schwarzen Jeans und der roten Jacke. Mit einem Mal überkam mich maßlose Wut. Eine Wut, die ich noch nie zuvor gefühlt hatte. Sie stieg in mir auf. Griff nach meinen Gedanken. Sprengte alles andere mit unnachgiebiger Gewalt fort. Ich spürte, wie mein Herz schneller schlug. Spürte, wie sich meine Fäuste verkrampften.
Ich sah nur noch diese rote Jacke.
Mit einem Sprung war ich bei dem jungen Mann.
Der wusste gar nicht, wie ihm geschah. Ich packte ihn. Schlug auf seinen Kopf ein. Brutal. Hart. Immer wieder. Blut spritzte mir ins Gesicht. Ich schlug zu. Mein Zorn ließ nur noch eines zu: Dieses Rot vernichten.
Als ich von dem Mann abließ, war sein Kopf nur noch eine rote, unförmige Masse. Wie aus weiter Ferne hörte ich jemanden furchtvoll, fast panisch schreien. Menschen stoben von mir zurück. Fassungsloses Entsetzen herrschte.
Erst da wurde mir klar, was ich getan hatte.
Hals über Kopf floh ich aus der Bahn. Rannte. Rannte bis ich mich in einem Hinterhof verbergen konnte. Schwer atmend lehnte ich mich gegen die Wand.
Mein Gott.
Was hatte ich getan?
Ich hatte völlig die Kontrolle verloren. Wegen einer roten Jacke.

In diesem Moment fiel es mir wie Schuppen von den Augen. Die Worte des Teufels: *„Ab jetzt soll rot dein Schicksal sein. Wann immer du rot siehst, wirst du zum Tier."*
Entsetzt floh ich durch die Straßen. Doch vor wem flüchtete ich? Oder besser gefragt vor was? Vor mir selbst? Meine Gedanken rasten.
Dann plötzlich ein Quietschen.
Neben mir stand ein Fahrzeug. Ein roter VW. Der Fahrer hatte mich wohl im letzten Moment gesehen. Hatte gebremst.
„Hey, Mann!", fluchte er, „Bist du verrückt! Fast hätte ich dich umgefahren!"
Rot.
Abermals stieg in mir jene ungebändigte Wut auf. Sie überflutete mein Gehirn. Ließ keinen anderen Gedanken mehr zu.
Rot.
Wie in einer amokähnlichen Trance packte ich den Fahrer am Hals. Meine Finger drückten zu. Immer fester. Der Mann röchelte. Verdrehte die Augen. Fiel schlaff in meinen Griff. Mit einer Mülltonne schlug ich auf den Wagen ein.
Rot.
Als der Wagen nur noch Schrott und der Fahrer leblos war, ließ ich ab. Wurde wieder klar. Wurde mir bewusst, dass ich abermals ein Leben ausgelöscht hatte. Der Fluch nahm langsam uneingeschränkte Ausmaße an.
Ich verlor die Kontrolle.

Wie ein gehetztes Tier kam ich zu Hause an.
Verkroch mich in der Wohnung.
Traute mich nicht mehr hinaus.

Entfernte alles Rote. Schwor mich immer wieder ein: „Du musst die Kontrolle bewahren!"
Versteckte mich unter der Bettdecke. Nur der Hunger trieb mich hinaus. Ich ging in die Küche. Öffnete den Schrank. Nur Konserven da. Man merkte, dass meine Frau fehlte. Ich nahm mir eine Dose. Öffnete sie. Sah hinein.
Dosentomaten.
Das nächste, an das ich mich erinnere, ist, dass ich neben der tomatenverschmierten Wand zu mir kam, in die ich einige Löcher geschlagen hatte. Mit der bloßen Faust. Floh wieder ins Bett.
So verbrachte ich die nächsten Tage.
Es verging eine Zeit, dann hörte ich den Schlüssel im Schloss. Meine Frau. Erleichtert und erfreut sprang ich aus dem Bett. Eilte zur Schlafzimmertür. Ich hörte sie schon am Eingang rufen: „Schatz! Wo bist du? Ich habe eine Überraschung für dich!"
Ich eilte in den Korridor.
Dort stand sie.
Ich wurde fahl. Mein Mundwinkel klappte nach unten.
Sie sagte nur: „Ich habe mir ein neues Kleid gekauft. Steht mir das Rot?"

Bumms und Kröten

Es war ein echt übler Tag gewesen.
Ich fuhr spät nachts von einem überstunden- und stressreichen Arbeitstag nach Hause. Ich war wirklich nicht gut gelaunt. doch vor allem war ich eins: richtig müde. Aber ich denke, das ist das Schicksal eines jungen Rechtsanwalts, der noch kein Sozius ist oder eine Festanstellung hat. Als junger Jurist war man der Blödmann der Kanzlei.
Meine Chefin, diese möchte-gern-emanzipierte und ständig miesgrämige Xanthippe, wurde auch nie müde, mir zu erklären: „Junge, wenn Sie etwas werden wollen, dann müssen Sie sich reinhängen!"
Ja.
Hängen war eine gute Idee. Aber nicht ich, sondern die Chefin; am Ende eines Stricks ...
Ich lenkte den Wagen, während ich Gewaltfantasien hatte, bei denen sogar Saddam Hussein blass geworden wäre, in das Wohnviertel, in dem ich wohnte. An einer Rechts-vor-Links-Kreuzung wurde ich langsamer.
In dem Moment musste ich herzhaft gähnen. Tränen verschleierten für zwei Sekunden meinen Blick. Ich fuhr weiter.
Plötzlich ein lauter Bumms. Durch meinen AUDI ging ein kurzer Ruck.
Erschrocken ging ich in die Bremsen.
Was, bei Otto Waalkes, war das jetzt gewesen???
Ich machte den Motor aus. Verließ meinen Wagen. Erschrocken konstatierte ich, dass jemand, vor dem Auto, regungslos auf der Straße lag. Es war eine junge Frau. Da sie jedoch mit dem Gesicht nach unten lag, wobei ihr feuerrotes Haar es bedeckte, konnte ich nichts Näheres erkennen. Sie trug

einen wallenden, schwarz-roten Rock und spitz zulaufende Over-Knees.
„Mist!", entfuhr es mir roh.
Ich eilte um die Motorhaube herum. Kniete mich neben sie.
„Hören Sie?", rief ich, während ich an ihr rüttelte. „Sind Sie okay?"
„Du vermaledeiter Kerl", hörte ich sie jammern. „Bist du denn von allen Geistern verlassen? Ich hatte Vorfahrt!"
Zwei Gefühle kamen da in mir auf: Zum einen war ich wahnsinnig erleichtert, dass es ihr offensichtlich gut ging. Auf der anderen Seite maßlose Verwunderung.
Wieso hatte sie Vorfahrt? Ich sah nirgends ein anderes Auto. Ich dachte, vielleicht war sie ja mit dem Kopf gegen meinen Wagen gebummst? Oder sie hatte irgendeine von diesen neumodischen Drogen genommen, die heutzutage von den Teenies geschluckt, geschnieft oder geraucht wurden?
„Sind Sie okay?", fragte ich besorgt. Machte Anstalten, ihr auf die Beine zu helfen.
Als die Dame den Kopf hob, sah ich eine junge Frau um die zwanzig mit frecher Stupsnase, sowie schwarz geschminkten Augen und Lippen.
„Du Doofmann!", wütete sie. „Ich hatte Vorfahrt!"
„Sie haben kein Auto", versuchte ich ihr zu erklären, kam allerdings nicht weiter, weil sie lauthals weiter schimpfte: „Du dämlicher Kretin! Hier ist Rechts-vor-Links! Hast du denn keine Augen im Kopf, du blöder Dummkopf?"
„Jetzt beruhigen wir uns erst einmal", versuchte ich zu beschwichtigen.
Doch sie polterte weiter: „Wo ist mein Besen?"
„Ihr ... äh ... bitte was?!"

Wild suchend sah sie sich auf der Straße um. „Mein Besen, du hässliche Kröte! Der ist noch nicht abbezahlt und funkelnagelneu!!" Sie schaute unter mein Auto. Riss die Augen auf. Dann geriet sie endgültig in Rage: „Du mistiger Hohlkopf! Das glaube ich nicht!"
Sie kletterte unter meinen AUDI. Fingerte dort nach irgendetwas.
„Kann ich Ihnen helfen?", erkundigte ich mich vorsichtig.
„Auf deine dämliche Hilfe kann ich verzichten! Du hast schon genug Blödsinn angerichtet!"
Als sie wieder hervorkam, hielt sie in der Tat einen Besen in der Hand. Es war ein Reisigbesen in einem erbärmlichen Zustand. Der Stiel war in der Mitte geknickt. Der Rest hing nur noch an einem goldenen Faden.
„Na, ganz toll!", zeterte sie und funkelte mich böse an. „Ich sollte dich in eine Kröte verwandeln, du Elfenschiss!" Sie stampfte zornig mit dem Fuß. „Hast du noch nie etwas von Rechts-vor-Links gehört? Hast du deinen Führerschein bei den Trollen gemacht?"
Offenbar war sie völlig verwirrt. Langsam und betont, so, dass sie es auch verstand, erklärte ich: „Rechts-vor-Links gilt nur im Straßenverkehr. Mit Kraftfahrzeugen."
„Bist du etwa ein Anwalt?", keifte sie. „So geschwollen reden nur Rechtsverdreher! Dein Protzauto spricht auch Bände!!!"
„Äh ... ja .... das bin ich wohl ..."
„Hab ich mir doch gedacht!", meckerte sie. „Krötenschleim und Echsendreck! Na, ganz doll ... eine Paragraphenschwuchtel!" Sie ballte die Fäuste. „Kennt die kleine Kröte etwa kein Rechts-vor-Links? Oder ist die Vorfahrt in deiner Protzkarre automatisch verbaut?"

„Vielleicht sollten wir einen Krankenwagen rufen?", schlug ich vorsichtig vor.

„Das würde dir so passen!", wütete sie, dabei stampfte sie wieder mit dem Fuß. „Damit die mir Nadeln hineinstecken und mich betäuben?" Sie starrte mich mit wutsprühenden Augen an. „Du wirst mich zum Blocksberg fahren. Das bist du mir schuldig!"

„Zum ... zum Blocksberg? Nein. Ich will nach Hause!"

„Oh, doch! Du wirst mich fahren! Jetzt! Ich schwöre dir: Sonst verwandele ich dich in eine Ratte. Oder besser noch: In eine linksdrehende Joghurtkultur! Würde dir auch viel besser stehen, als die Paragraphenschwuchtel, du ... du Paragraphenschwuchtel, du!" Vorwurfsvoll hielt sie mir den geknickten Besen unter die Nase. „Hiermit werde ich ja wohl kaum noch einen Meter weit kommen ..."

„Würden Sie vielleicht einmal aufhören, mich ständig Paragraphenschwuchtel zu nennen?" Langsam wurde auch ich sauer.

„Paragraphenschwuchtel!", kreischte sie. „Du bist eine Paragraphenschwuchtel!"

„Sie erfüllen den Tatbestand einer Beleidigung", warnte ich.

„Sie erfüllen den Tatbestand einer Beleidigung", äffte sie nach. „Und du den einer totalen Blödheit!" Sie stapfte um mein Auto herum, öffnete die Beifahrertür. Setzte sich dreist hin. Dann knallte sie die Tür zu.

„Hey", rief ich, eilte ihr nach und riss sie wieder auf. „Raus da. Ich bin doch nicht Ihr Chauffeur."

„Nein", entgegnete sie frech. „Aber eine Paragraphenschwuchtel!" Mit diesen frechen Worten knallte sie mir die Tür ein weiteres Mal vor der Nase zu. Sie sah mich durch die Scheibe an und streckte mir unverschämt die Zunge heraus.

„Ich werde Sie nirgendwo hinfahren", knurrte ich, wollte die Tür abermals aufreißen, doch unverfroren verriegelte sie sie einfach.
„Das gibt es doch nicht", schimpfte ich. „Bin ich denn dämlich?"
„Nein", griente sie dreist, „aber eine Paragraphenschwuchtel! Jetzt steige ein und fahr los, sonst komme ich noch zu spät."
„In dem Tonfall können Sie mir schreiben", zürnte ich. „Jetzt raus aus meinem Auto, sonst lernen Sie mich kennen!"
Sie verschränkte stur die Arme vor der Brust. Da half wohl kein gutes Zureden mehr. Diese irre Dame glaubte wohl wirklich, dass ich sie zum Blocksberg fahren müsste. Wütend klopfte ich gegen die Scheibe: „Hätten Sie wohl die Freundlichkeit und würden aussteigen?"
„Du kannst mich da küssen, wo die Götter mich gespalten haben", grinste sie vorlaut. „Jetzt steige ein und fahre los."
„Sie ... Sie alte Hexe!", schimpfte ich.
„Genau", sagte sie darauf nur.
Mit dem Wagenschlüssel entriegelte ich die Tür, öffnete sie. Packte die Dame unsanft, um sie herauszuzerren. Doch plötzlich rief sie: „Du willst es wohl nicht anders? Mulchblut und Spinnenbein! Du sollst jetzt eine Kröte sein!"
Es machte noch einmal „Bumms", dann begann ich auf einmal zu schrumpfen. Meine Kleidung wallte weit um mich herum, bis ich in ihr völlig versunken war. Ungehalten wollte ich mich beschweren, doch nur ein „Quark! Quark!" kam aus meinem Mund.
Sie nahm mich in beide Hände. Hob mich hoch. „Na", feixte sie, „so gefällt mir der Dummkopf doch schon viel besser."
Sie setzte mich auf den Beifahrersitz, anschließend sich

hinter das Lenkrad. Dann fuhr sie mit quietschenden Reifen los.

„Vielleicht verwandele ich dich nachher zurück", sagte sie wie beiläufig, „wenn wir da sind. Vielleicht aber auch nicht …"

So fuhren wir zum Blocksberg.

Wie ich bereits am Anfang erwähnte: es war ein mistiger Tag.

10 Minuten

„Ach, Herr Konrad. Haben Sie in zehn Minuten Zeit? Ich muss mit Ihnen über etwas sehr Dringendes sprechen."
Ich sehe meinen Chef mit großen Augen an. Der will bestimmt wieder Weihnachts- und Urlaubsgeld kürzen, dieser Knauser. Wie letztes Jahr. Und die Jahre davor.
Oder er will, dass ich wieder seine grauenhaften Töchter bespaße. Dabei haben mir diese verdammten Kinder vor drei Wochen fast die Nase gebrochen. Dieser Tyrann kennt keine Hemmungen. er behandelt uns alle wie fremde, getragene Socken; er fasst uns mit spitzen Fingern an und wirft uns weg, wenn er uns benutzt hat.
Wir alle schlucken das ohne ein Wort. Normalerweise sollten wir uns beschweren, streiken und ihm den Laden auseinandernehmen. Aber außer ein paar Lästereien, als auch Gezicke hat sich keiner so etwas getraut.

Noch neun Minuten ...
Habe ich vielleicht etwas falsch gemacht? Mich beispielsweise bei den Kalkulationen verrechnet? Dafür gibt es jetzt bestimmt Ärger. Mein Chef mag so etwas nicht sonderlich. Das gibt bestimmt einen mächtigen Anschiss. Neulich hat er erst den Schmidt fertiggemacht, weil der bei einer Berechnung einen Addierfehler eingebaut hat.
„Schmidt!", hatte er gebrüllt, „Sie müssen sich mehr konzentrieren. Ich kann keine Flaschen gebrauchen, die eins und eins nicht zusammen zählen können!"

Noch acht Minuten ...

In Gedanken gehe ich bereits die Kalkulation noch einmal durch. Setze mich an den Computer. Hole sie mir auf den Schirm.
Nein. Da ist kein Fehler. Alles bestens.
Also liegt es nicht daran. Aber warum will er mich dann sprechen? Seinem Gesichtsausdruck zufolge ist es etwas sehr Ernstes. Er hat nicht gelächelt (was er ohnehin selten macht). Was will der bloß von mir? Ich glaube kaum, dass er mich mit der süßen, blutjungen Praktikantin Angela verheiraten will ...

Noch sieben Minuten ...
Ob er wohl dahintergekommen ist, dass ich Kaffee und diverse Büroutensilien hab mitgehen lassen? Mein Gott, aber das macht doch jeder. Deswegen kann er mich doch jetzt nicht zur Rechenschaft ziehen.
Die paar Kugelschreiber, das bisschen Papier und Büroordner machen ihn doch auch nicht ärmer. Dieser fette Knauser nimmt ja schließlich auch gerne ein paar Sachen mit nach Hause; am liebsten seine Sekretärin.

Noch sechs Minuten ...
Ich merke, wie ich anfange zu schwitzen. Mein Puls rast. Meine Hände zittern. Ich habe ein ungutes Gefühl. Auf mein Gefühl konnte ich mich eigentlich immer verlassen. Meinem Instinkt war im Großen und Ganzen immer zu trauen. Irgendetwas liegt hier in der Luft, etwas, was meine weißen Unterhosen braun machen färben könnte.

Noch fünf Minuten ...
Ich hörte von Gerüchten, wonach die Firma Leute entlässt. Sparmaßnahmen. Wie überall heutzutage. Vielleicht will er

mir kündigen? Was wäre dann? Arbeitslosigkeit. Geldsorgen. Schulden. Ich bin über vierzig. Wer sollte mich noch einstellen?
Oh Gott.
Er will mich rausschmeißen!

Noch vier Minuten ...
Ausgerechnet mich! Nach zehn Jahren treuen und loyalen Diensten! Ich bin nie zu spät gekommen oder habe Grund zur Beanstandung gegeben. Warum ausgerechnet ich? Nein! So was darf man sich nicht gefallen lassen! Ich hasse diese fette Schwuchtel sowieso. Immer hat er etwas auszusetzen. Nie ist er zufrieden.
Na warte!
Nicht mit mir!

Noch drei Minuten ...
Ich stürme los. Reiße die Tür zu seinem Büro auf. Erschrocken sieht er mich an.
„Du fettes Arschloch! Zehn Jahre habe ich mich für dich aufgeopfert! Und das ist der Dank?!"
Verdattert sieht mich mein Chef an. Dann wird sein Gesicht puterrot.
„Also, ich dachte", schnauft er, „Sie freuen sich über die Beförderung ...?"

Self-made-Franz

Franz hatte sich extra freigenommen, um einige Arbeiten an seinem Heim vorzunehmen. Er glaubte von sich, ein perfekter Heimhandwerker zu sein, hatte er doch jahrelang jede Heimwerkersendung im Fernsehen mit großem Interesse verfolgt. Zudem schrieb er sich selbst ein hohes Maß an Geschick zu.
Er wollte die kleinen Arbeiten in dem neu erworbenen Haus verrichtet haben, bis die Herren vom Bauamt da waren und das Gebäude abnahmen. So begann er schon sehr früh.
Nachdem er die Lampen an die Decken, sowie an den Wänden angebracht hatte, wollte er nunmehr die Fliesen legen, um Bad und Küche endlich fertig zu haben. Warum einen Handwerker beauftragen? Das kostete nur Geld. Meistens verlangte das auch viele Nerven.
Er hatte das Bad gerade fertig, da fiel ihm an der Wand eine Stelle auf, die eigentlich von einem Bild sehr gut geschmückt werden könnte. Aus den Kartons im Keller wählte er ein älteres Foto von sich, der Frau und den Kindern vom letzten Tirolurlaub. Er holte Bohrer, Dübel, als auch Schrauben. Dann begann er sein Werk.
Er setzte an, machte einen Schritt nach hinten. Stolperte plötzlich über irgendetwas, das hinter ihm am Boden lag. Völlig überrascht ließ er den Bohrer fallen.
Direkt auf die Fliesen.
Mit einem üblen Geräusch brachen zwei.
„So eine Sch..."
Franz schnappte den Bohrer. Begutachtete die Fliesen. Totalschaden.
Darum wollte er sich später kümmern.

Er erhob sich, nahm den Apparat, setzte wieder an.
Zu seiner Verwunderung blockierte jedoch der Bohrer, als er ihn in die Wand stoßen wollte. Es war, als bohre er auf blankem Stahl. Es war kein Millimeter voranzukommen. Er bog den Bohrer, drückte und fluchte.
Doch nichts geschah.
Alles, was er erreichte, war, dass er ein großes Stück des Putzes herausbrach. Es blieb lediglich ein unansehnliches Loch zurück. Als Franz den Bohrer absetzte, ärgerte er sich. Nichts erreicht und dazu noch ein Schaden.
Schnell zum Gips gegriffen, auf das die Stelle verspachtelt wurde.
Jetzt blieb ihm nur noch die Gelegenheit, über diesem Loch zu bohren.
Gesagt. Getan.
Mit Entsetzen musste er feststellen, dass auch hier kein Weiterkommen war. Doch der geübte Handwerker gibt ja nicht so schnell auf. Er schraubte einen Titanschrauber auf den Bohrkopf und versuchte es abermals. Laut kreischend fräste sich der Bohrer in die Wand. Millimeter für Millimeter.
Dann gab es einen Ruck.
Putz blätterte von der Wand.
Abermals blieb ein unansehnliches Loch zurück.
Egal.
Weiter.
Er setzte den Bohrer noch einmal an, presste mit aller Gewalt die Schraube in die Wand. Die Maschine kreischte. Staub wirbelte auf. Putz fiel frech herab.
Als Franz den Bohrer absetzte, war das Loch männerhandgroß, zudem war es mehrere Zentimeter tief. Doch einen Dübel würde dieses vermaledeite Loch niemals halten.

„Verdammt!" Er schraubte den Titanschrauber ab, versuchte es jetzt mit einem besonders schmalen. „Das wäre doch gelacht ..."
Kreischend fräste sich das Metall in die Wand. Plötzlich machte es „knack". Ein Riss zog sich vom Boden bis zur Decke, im Zentrum Franz und sein Bohrer. Der Self-made-Handwerker schob die Mütze in den Nacken. „Das gibt es doch nicht."

Aufgeben stand nicht zur Debatte.
Da war Franz aus ganz anderem Holz geschnitzt.
Er wechselte abermals den Schraubkopf, setzte noch einmal an. Heulend drang das Metall in die Wand ein. Plötzlich gab es einen Ruck. Funken sprossen hervor. Ein Knall! Franz stand im Dunkeln.
„Oh – bitte – nicht!"
Er begutachtete das nunmehr ellengroße Loch, aus dem träge Qualm aufstieg. Es roch verbrannt. Zudem waren alle Fliesen, die vorher auf diesem Loch akkurat gelegt worden waren, heruntergefallen. Zu Franz´ Füßen lag alles durcheinander. Fliesenscherben, Bohrschrauben, Bohrapparat und viel, viel Staub und Putz.
Das Loch verputze ich später, dachte er, die Elektrik mache ich dann auch.
Nun suchte er eine neue Stelle, an der er das Bild aufhängen wollte. Gegenüber, an der anderen Wand hangen ebenfalls Fliesen. Dort war noch Platz. Er nahm den Bohrer. Machte einen Schritt zur Seite. Das Kabel des Bohrers spannte sich. Berührte irgendeinen Widerstand und blockierte.
Genervt zerrte Franz an dem Kabel.
Erst leicht. Dann fester. Dann brutal.
„Komm schon, du ..."

Plötzlich gab das Kabel nach. Irgendetwas im Nebenraum fiel krachend und splitternd zu Boden. Erschrocken eilte Franz in die Richtung der Geräusche. Die alte, chinesische Vase seiner Frau hatte sich am Kabel verfangen und war jetzt nur noch interessant für den Schrotthändler.
Das gibt Ärger, dachte er.

Kurz war er versucht, einen Handwerker zu bestellen, doch seine Ehre verbat es ihm schließlich. Selbst ist der Mann! Das wäre doch gelacht. So ein kleines Loch zu bohren, müsste doch zu schaffen sein.
Er hantierte einen neuen Schraubkopf auf die Maschine. Setzte an. Der Bohrer fräste sich in die Wand.
Kreischend.
Laut.
Doch wieder: Widerstand.
„Das gibt es doch nicht ..."
Mit roher Gewalt drückte und presste Franz. Setzte sein ganzes Körpergewicht gegen den Bohrer. Sein Gesicht verzerrte sich zu einer Grimasse. Dann plötzlich: Ein Ruck. Zischend ergoss sich ein Strahl kalten Wassers über ihn. Innerhalb von Sekunden war das Bad Land unter.
„Oh! Nein! Bitte nicht!"
Franz eilte hinab in den Keller, drehte die Hauptventile ab und lehnte sich gegen die Wand. Schweratmend fuhr er sich mit der Hand über das Gesicht.

Jetzt erst mal sauber machen.
Er holte Wischmopp und Eimer, trat in das Badezimmer. Rutschte mit den Gummisohlen. Fiel. Mit dem Kopf gegen die Werkzeugkiste.
Hundert Engel sangen süße Lieder.

„Hey! Hey, Franz!"
Franz öffnete die Augen. Sah sich verwundert um.
Auf der Werkzeugkiste saß ein kleiner Mann, vielleicht dreißig Zentimeter groß, mit Spitzhut und Knickerbocker. Interessiert betrachtete er sich dem Heimwerker.
„Wer ... wer bist du?", fragte Franz konsterniert.
„Ich bin das Heimwerkermännchen", erklärte der Gnom, „ich komme immer, wenn jemand Mist baut."
„Ach", winkte Franz ab, „das bisschen. Das regele ich schon ..."
„Du musst aufhören, Franz! Sonst passiert etwas echt Schlimmes!"
Franz stutzte. „Ich kann doch heimwerken."
„Nein, kannst du nicht! Du wirst noch Unglück über dieses Haus bringen."
Ärgerlich erhob sich der Heimwerker. „Schhht, verschwinde", knurrte er.
Es gab einen Puff. Das Heimwerkermännchen war verschwunden.

Franz nahm den Bohrer. Suchte eine freie Wand. Fand sie. Setzte den Bohrer an. Stieß in die Wand vor. Dann auf Widerstand. Mit Gewalt presste Franz den Apparat in die Mauer. Plötzlich gab es einen Ruck. Etwas zischte.
Franz schnüffelte.
Gas!
Erschrocken, fast panisch, wich er zurück. Dann gab es einen lauten Knall. Das Haus erbebte. Fenster gingen zu Bruch. Feuer wallte auf.
Das Haus hatte nur noch Schrottwert.
Ja, ja.
Hätte Franz mal auf das Heimwerkermännchen gehört ...

Von Bello und der Amazone

„Hans-Dieter! Jetzt räum doch endlich mal deine Sachen da weg!"
Junge, Junge. Jetzt ging das wieder los. Er verdrehte die Augen und tat, was er in solchen Momenten immer machte. Er schaltete auf Durchzug.
„Hans-Dieter! Du musst auch noch mit dem Hund raus!"
Als er Helene geheiratet hatte, war sie noch ein liebliches Wesen gewesen, das ihn liebevoll umsorgt hatte. Doch schon nach einiger Zeit hatte sich diese Grazie in eine Gewitterhexe erster Güte verwandelt.
„Hans-Dieter! Was ist mit dem Aufwasch?"
Sehnsüchtig erinnerte er sich an die ersten Treffen mit ihr. Da trug sie noch keine Lockenwickler im Haar und keine Gesichtsmaske. Heute war das Standard bei ihr. Ständig keifte sie. Ständig meckerte sie. Sie war heute mehr ein Feldwebel als eine Grazie. Ihre ach so liebliche Art hatte sie genauso zurückgelassen, wie ihr Idealgewicht.
Er seufzte.
„Hans-Dieter! Hörst du mich nicht?"
Und ob er sie hörte. Jeden Tag, jeden Abend, jede Nacht. Wahrscheinlich hörte man sie bis nach Argentinien. Sie konnte ja nicht einmal eine Minute den Mund halten. Ständig zeterte und nörgelte sie. Meistens war außerdem er das Ziel ihrer Angriffe.
„Hans-Dieter! Der Hund!"
Insgeheim wünschte er sich von diesem Ort fort. Irgendwohin, wo er seine Ruhe hatte, wo barbusige, blutjunge Frauen Männer anbeteten, die gerne Bier tranken und vor dem Fernseher saßen. Doch dieser Ort war illusorisch. Er fragte sich, ob er der einzige Hans-Dieter mit so einer Amazone

war. Ob andere Hans-Dieters das Problem anders regelten als er.
Vielleicht sollte er warten, bis sie wieder die Fenster putzte. Einmal kurz an ihr vorbeigelaufen, ein Schubs und – hoppla. Problem vorbei. Oder er müsste den Hund nur lange genug hungern lassen, um anschließend in einer stillen Minute Tier und Frau in einem gemeinsamen Raum einzusperren ...
Er seufzte.
Nun ja. Das konnte er dem armen Hund ja auch nicht antun. Wahrscheinlich würde sie sogar den Köter auffressen, zuzutrauen wäre ihr das ...
Vielleicht könnte er an ihrem Vorrat Beruhigungspillen etwas hantieren. Nur zehn/zwanzig zu viel in einem Glas verrühren, dann hätte er endlich wieder himmlische Ruhe.
Doch einmal ehrlich?
War er wirklich ein solch kühner Rächer? Wohl eher nicht. Er war ein zu dick geratener spießiger Kleinbürger, ein Spießer mit einer drastischen Frau. Ein Pantoffelheld mit einem Basset-Hund, der erst beim zwölften Wort gehorchte. Wenn überhaupt ...
„Hans-Dieter! Hörst du mir überhaupt zu?"
Wie sollte er da weghören? Ihrem Gekeife war doch gar nicht zu entgehen. Es fuhr wie ein heißes Messer in die Butter seiner Nerven.
Sehnsüchtig dachte er an die Nachbarsfrau. Die liebliche Rebecca. Sie war eine Wucht von Frau. Außerdem ging sie bestimmt nicht mit ihrem Mann so um. Ihre Kurven waren einladend. Ihr Blick schmolz Eisberge. Ihr Gang war feengleich. Wie nett sie immer grüßte, wenn sie sich begegneten. Immer hatte sie ein charmantes Lächeln für ihn übrig.

Hans-Dieter fragte sich, ob sie in einem anderen Leben vielleicht glücklich geworden wären. Hans-Dieter und Rebecca. Das klang doch eigentlich ganz gut.
„Hans-Dieter! Wann gehst du denn jetzt mit dem Hund raus? Muss ich dir eigentlich alles tausend Mal sagen?"
Du alte Nervensäge!
Du olle Schreppe!
Da soll man keine Mordgedanken haben?
Er stand auf, nahm das Hundehalsband. Pfiff nach seinem Hund. Anschließend verließ er die Wohnung. Drehte mit Bello eine Runde um den Häuserblock. Dabei ertappte er sich, wie er einen extragroßen Gang machte.
War es jetzt schon so weit, dass er von zu Hause floh? Statt der üblichen zwanzig, brauchte er nunmehr vierzig Minuten. Dabei bummelte und trödelte er gemächlich, nahezu strafbar langsam.
Sehnsüchtig ging er an Rebeccas Auto vorbei. Die Sitze rochen bestimmt nach ihr und ...
„Bello!!!"
Hans-Dieter glaubte, nicht richtig zu sehen. Das Mistvieh entleerte sich am Reifen.
Um Gotteswillen!
Hoffentlich sah sie das jetzt nicht! Welchen Eindruck so was wohl auf Frauen machte? Er zerrte den Hund weiter, fort von dem Wagen. Zog ihn die Straße hinunter. Bello riss an der Leine. Der hatte auch keinen Respekt vor ihm. Eigentlich hatte das niemand. Vielleicht sollte er mal mit der Faust auf den Tisch hauen, mal richtig den Chauvie heraushängen lassen. Aber passte das zu ihm?
Wohl eher nicht.

Langsam schlenderte er die Straße zu seinem Haus hinab. Bello konnte es kaum erwarten, bis er wieder zu Hause war, er hingegen nicht.
Seufzend betrat er den Hausflur. Ließ erst einmal den Hund von der Leine. Stürmisch jagte Bello die Treppen hinauf, blieb vor der Wohnungstür stehen und bellte ungeduldig nach Herrschen.
Na toll, dachte Hans-Dieter, jetzt befiehlt mir sogar schon der Hund.
Er schloss die Wohnungstür auf, ließ Bello hinein, dann verriegelte er die Tür hinter sich. Achtsam lauschte er in die Wohnung. Aus der Küche klang Geklapper an seine Ohren. In der Luft hang ein Duft nach Frischgebackenem.
„Hans-Dieter?"
„Ja, Liebes?"
„Schön, dass du wieder da bist. Ich habe uns einen Erdbeerkuchen gemacht. Den magst du doch so gerne."
Verwundert stutzte er. „Ja klar ..."
Sie kam ihm aus der Küche mit Tellern entgegen. Keine Spur mehr von Lockenwicklern oder der Gesichtsmaske. Sie flötete: „Ich decke schon mal."
Hans-Dieter legte seine Jacke ab. Kratzte sich am Bart und seufzte. Eigentlich war die Amazone ja doch ganz lieb ...

Weihnachtliche Polizeigewalt

Santa Klaus hatte es eilig. Er hatte Verzug beim Verteilen der Geschenke. Somit gab er ordentlich Gas. Die Rentiere jagten durch die Nacht. Santa sah immer wieder angestrengt auf seine Armbanduhr.
Plötzlich ein Schatten vor dem Schlitten.
Eine Person.
In Uniform. Sie hielt eine leuchtende Kelle in der Hand, mit der er Santa Klaus zu verstehen gab, dass er anhalten solle. Hart riss der Weihnachtsmann an den Zügeln. Brachte das Gespann zum Stehen.
„Guten Abend. Allgemeine Verkehrskontrolle. Haben Sie etwas getrunken?"
Santa sah den Beamten an, als käme der von einem anderen Stern. „Äh ... nein."
„Wissen Sie, warum ich sie anhalte?"
„Äh ... keine Ahnung."
Der Polizist blickte ihn streng an. „Sie sind mit fünfzig in einer Dreißigerzone gemessen worden, mein Herr. Darf ich um Führerschein und Fahrzeugschein bitten?"
„Führerschein? Fahrzeugschein?"
„Ja", brummte der Beamte, „dann pusten Sie gleich auch mal."
„Hören Sie, junger Mann", erboste sich Santa, „ich bin der Weihnachtsmann."
„So, so. Der Weihnachtsmann? Offenbar haben Sie doch getrunken?"
„Nein!!!"
„Dann bitte Führer- und Fahrzeugschein!"
Der Weihnachtsmann bekam einen hochroten Kopf. „So etwas habe ich nicht."

„Dann ist Ihr Wagen wohl gestohlen, was?" Das Kinn des Polizisten schoss warnend nach vorne. „Steigen Sie mal aus."

Santa kam dem Befehl nach. „Hören Sie, mein Herr. Ich muss doch die Geschenke austragen. Sonst fällt Weihnachten aus!"

Der Polizist ging um den Schlitten herum. „Keine Kennzeichen", knurrte er. „Die Kufen sind auch schon ganz heruntergefahren. Das wird teuer."

Santa Klaus sah ihn verzweifelt an. „Aber ... aber ich muss weiter!"

„Was ist in dem Sack?" Der Beamte betrachtete ihn misstrauisch. „Diebesgut?"

„Nein! Die Geschenke für die Kinder!"

Ein weiterer Beamte brachte einen Atemalkoholtester, in den Santa hineinblasen musste. Dann machten die Polizisten ein Drogenscreening, während einer der weiteren Polizisten in den Sack sah. „Woher haben Sie die Päckchen?"

„Vom Nordpol", schnaufte Santa, „dort wohne ich."

„Also ein Ausländer? Dazu kein EU-Bürger?" Der Polizist kniff die Augen zu Schlitzen, „Darf ich einmal Ihr Visa sehen?"

„Ein ... ein Visa??? Junger Mann! Ich bin der Weihnachtsmann!"

„Und ich bin Kojak", knurrte der Beamte. „Ich glaube, Sie kommen einmal mit auf die Wache!"

„Aber ... aber meine Geschenke!", jammerte Santa. „Ich muss doch die Geschenke verteilen! Heute ist doch Weihnachten!"

„... und Sie sind der Weihnachtsmann?"

„Genau!"

„Beweisen Sie es!"

Santa ging zu seinem Schlitten, um den Sack zu öffnen, angelte ein Geschenk heraus. Gab es dem Polizisten. „Bitte sehr! Für Sie!"

Der Beamte schlitzte abermals den Blick. „Ein Bestechungsversuch???" Seine Hand ging zu den Handschellen. „Das kann teuer werden, mein Herr!"

„Nein, Herr Wachtmeister!", rief Santa. „Ich bin der Weihnachtsmann! Ich muss Geschenke verteilen!"

„Müssen?" Die Augenbrauen des Beamten fuhren in die Höhe. „So, so. Eine Zwangsstörung?"

Langsam war der Weihnachtsmann es leid. „Hören Sie", schnaufte er, „wenn ich nicht bald losfahre, komme ich zu spät! Ich muss noch in dutzende Kamine steigen!"

„In Kamine steigen?" Der Polizist legte die Hand auf die Waffe, dann rief er kommandierend: „Treten Sie zwei Schritte zurück! Legen Sie die Hände an den Schlitten. Ich verhafte Sie wegen des Tatverdachtes des versuchten Einbruches!"

Santa schüttelte den Kopf. „Aber dann fällt Weihnachten aus!"

„Ich wiederhole!", brüllte der Beamte. „Legen Sie die Hände auf den Schlitten!"

Der Weihnachtsmann seufzte vernehmlich. „Aber ich muss doch ..."

Weiter kam er nicht, da ihm der andere Beamte Pfefferspray in die Augen sprühte. Santa riss die Hände hoch. Wischte sich stöhnend über die brennenden Augen.

Die Polizisten rangen ihn nieder. Legten ihm Handschellen an. Dann brachten sie ihn in den Streifenwagen. Santa tobte und zeterte, doch die Beamten kannten keine Gnade. Als sie ihn auf das Revier brachten, verlasen sie ihm die Anzeige:

Fahren ohne Fahrerlaubnis, illegaler Aufenthalt in Deutschland, versuchter Diebstahl, Beamtenbestechung.
Im Verhör wurde er nach seinem Namen gefragt.
„Santa Klaus", antwortete er mürrisch.
„Beweisen Sie es."
Santa dachte kurz nach, dann machte er: „Ho-ho-ho!" Erwartungsfroh sah er den Beamten an.
Der erwiderte seinen Blick unbeeindruckt. „Haben Sie irgendwelche Papiere dabei, Herr Klaus?"
Santa schüttelte den Kopf.
„Da Sie Ausländer sind", erklärte der Polizist, „werden wir Sie in Abschiebehaft nehmen."
Hinter der Einwegspiegelscheibe des Verhörraumes saß jemand, den Santa Klaus denunziert hatte. Es war ein alter Bekannter des Weihnachtsmannes. Ein Polizist sah den kleinen Kerl ernst an. „Zufrieden?"
Der Osterhase nickte. „Ja. Lief doch alles gut."
Der Beamte fragte: „Können Sie mir nur einmal erklären, warum Sie ihn angeschissen haben?"
Der Osterhase verzog süßsauer das Gesicht. „Sagen wir es so; mir gefällt keine Konkurrenz."

Invasion

„Mr. President?"
Henry Ballington öffnete die Augen. Blinzelte verwirrt. Sein Berater, Carl Devensire, stand neben dem Bett. Noch hielten ihn der Schlaf und der Traum umfangen. Nur langsam löste er sich davon. Nur langsam wurde er wieder klar im Kopf.
„Carl?", gähnte er. „Was ist los?" Vorwurf lag in dieser Frage. Ballington sah zu seiner Frau herüber, sie schlief noch tief und fest.
„Mr. President?" Es klang ernst. „Wir haben Devcon 1."
Das war eine verdammt hohe Alarmbereitschaft.
Sofort war Ballington hellwach. Er sprang aus dem Bett, um seinen Berater aus dem Schlafzimmer zu komplimentieren.
„Was ist passiert?", fragte er aufgeräumt. „Sind die Nordkoreaner wieder frech geworden?"
Carl schüttelte den Kopf. „Sie wissen doch, dass wir diese Abhörstation haben, die ihre Antennen ins Weltraum gerichtet haben? Die sich auf extraterrestrische Signale konzentrieren?", begann Devensire. „Sie haben heute Nacht Kontakt gehabt."
Sprachlos starrte der Präsident seinen Berater an.
Der fuhr fort: „Wir haben einen Funkspruch aufgefangen, den wir erst lange entschlüsseln und übersetzen mussten."
„Außerirdisch?", keuchte der Präsident.
Carl nickte.
„Was stand darin?"
„Kommen Sie besser mit, Mr. President. Die Lage ist ernst."
Ballington rasierte sich hektisch, schnitt sich dabei sogar. Er wusch sich fahrig, während seine Gedanken rasten hin und her. Außerirdische. Als ob die ganze Sache bei Roswell

damals nicht schon genug Aufsehen erregt hätte ... Die Welt war verrückt gewesen damals.

Jeder glaubte seitdem, ein UFO zu sehen. Die Hysterie war bis heute grenzenlos.

Ballington zog sein Sportjacket an, dann verließ er das Badezimmer. Carl stand schon im Korridor. Erwartete ihn. Bei ihm standen einige Secret-Service-Männer.

„Der Helikopter steht schon bereit", erklärte Carl.

„Wo geht es hin?"

„In den Kommandobunker."

Ballington wurde bleich. Der streng geheime Kommandobunker war für den absoluten Ernstfall, für einen atomaren, chemischen oder biologischen Angriff auf die USA gedacht. Rund zwanzig Meter unter der Erde, als letzte Zufluchtsstätte für den Präsidenten und seinen Stab.

„Wo ist mein Stab?", fragte er.

„Auch schon da."

Also doch, dachte Ballington, es wird ernst!

„Was ist mit meiner Frau und den Kindern?"

„Die werden so schnell wie möglich hier hergebracht." Carl drängte zur Eile. Als sie im „Marine 1" saßen, blickte Ballington blass und angespannt zu Devensire herüber. „Erzählen Sie, Carl."

„Wie bereits gesagt, Mr. President, heute Nacht hatten wir Kontakt mit einer außerirdischen Lebensform. Die ersten Signale waren leicht verschlüsselte Funksprüche, die wir aus der Gegend des Jupiters auffingen. Es war das Funkfeuer eines Raumschiffes mit dem Mutterschiff."

„Und?", brummte der Präsident. „Warum Devcon 1?"

Carl atmete tief durch. „Wir schafften es, den Funkspruch zu entschlüsseln. Halten Sie sich fest!" Mit diesen Worten

schob er ihm eine Akte zu, auf der mit roten Buchstaben **Top Secret** stand.
Ballington öffnete sie, um das dort Geschriebene zu lesen.
Das Funkfeuer wurde gegen 22:43 Uhr aufgefangen. Gegen 00:07 Uhr gelang es den Spezialisten der NASA, ihn zu entschlüsseln. Er besagte, dass das Ziel in zwölf Stunden erreicht sei. Ferner, dass alle Waffen aktiviert worden seien. Alles sei bereit, diesen blauen Planeten zu zerstören. Seine Bevölkerung zu töten.
Ballington wurde noch blasser.
Er schluckte. Nüchtern sah er Carl an. „Wie groß stehen die Chancen, dass es sich hierbei nur um einen Scherz oder um einen Irrtum handelt?"
„Die Chance tendiert zu 0!"

Als sie den Bunker betraten, ein nüchterner Bau mit zehn Metern Stahlbeton, Bleiummantelung und eigener Luftsäuberungsanlage, sah Ballington hohe Militärs an sich vorbeigehen. Sie grüßten zackig, in ihren Gesichtern stand Todernst.
Sie kamen in das Lagezentrum, ein runder, großer Raum mit Bildschirmen und bestimmt hundert Telefonen. Alles war schon aktiviert. Die Bildschirme flackerten. Die Berater telefonierten hektisch. Hier herrschte eine angespannte, düstere Stimmung, die sich auch in den Gesichtern der Berater widerspiegelten.
Devensire bat den Präsidenten Platz zu nehmen, was der auch tat.
Bei seiner Wahl hätte er nie gedacht, dass er eines Tages einmal in diesen Bunker notfallmäßig kommen würde. Er hatte immer gedacht, die größte Gefahr ginge von Schurkenstaaten oder von Terroristen aus.

Außerirdische.
Mann oh Mann!
Ein Militär richtete sich an ihn. „Wollen Sie die Aufzeichnungen hören, Mr. President?"
Er nickte.
Der General drückte einen Knopf. Knackend und rauschend erklang eine schrille Tonabfolge. Dazwischen knackte es ein paar Mal laut. So ging es vielleicht eine Minute. Dann schaltete der Soldat das Band wieder ab. Er fingerte das Band aus dem Gerät, legte ein neues ein. „Das hier ist die Übersetzung." Er ließ das Band abfahren. „Nummer drei für Nummer 1. Wir sind jetzt zwölf Stunden vom Ziel entfernt. Wir haben alle Waffen aktiviert. Wir sind bereit für die Zerstörung des blauen Planeten. Ende."
„Was sagen die Russen dazu?", fragte Ballington.
„Wir bauen gerade eine Leitung über das rote Telefon auf."
Ballington saß mit einer Mischung aus schockiertem und sachlich-analytischem Geist auf seinem Drehsessel , während er auf die Bildschirme starrte. „Haben wir ein Bild des Raumschiffes?"
„Nein, Mr. President. Hubble arbeitet aber noch daran."
Einer seiner Berater meldete sich: „Die Leitung nach Moskau steht, Mr. President."
Ballington gab ein Zeichen, er wurde verbunden. „Mr. Smirnov? Guten Morgen. Ich gehe davon aus, dass Ihnen die Details bekannt sind?"
Eine markante Stimme mit hartem Akzent meldete sich: „Guten Morgen, Mr. President. Ja, ich bin eingewiesen worden. Wie gehen wir vor?"
„Nun, Mr. Smirnov, ich beabsichtige, das Militär einzuschalten. Ich rate Ihnen, das Gleiche zu tun."
„Wie groß ist die Bedrohung?"

„Mindestens ein Raumschiff mit starken Waffensystemen, deren Stärke unbekannt ist. Wenn wir die Meldungen richtig gedeutet haben, wollen sie unseren Planeten damit ausschalten."

„Ich werde die Panzerdivisionen in Alarmbereitschaft versetzen", sagte Smirnov ruhig.

Ballington atmete tief durch. „Ich fürchte, das wird nicht reichen. Wir stehen einer Bedrohung gegenüber, wie sie die Welt noch nie gesehen hat. Das Raumschiff ist offensichtlich mit Waffen bestückt, die unseren Planeten zerstören können."

„Was schlagen Sie vor?"

Ballington dachte kurz nach. „Wir sollten die Luftwaffe alarmieren. Sie sollte aufsteigen."

„Was bringt das? Das Raumschiff wird mindestens im Orbit sein. Dahin kommen die Waffen unserer Flugzeuge nicht."

Ballington sah zu seinem Luftwaffengeneral. Der öffnete eine Aktentasche. Zog ein Dokument hervor. Das gab er dem Präsidenten. Er schirmte mit der Hand das Telefon ab, während er leise erklärte: „Wir haben einen Killersatelliten im All. Der ist mit ferngelenkten Raketen bestückt. Wenn das Raumschiff der Umlaufbahn der Erde zu nahe kommt, können wir feuern."

Ballington wandte sich wieder an Smirnov: „Herr Präsident. Ich habe gerade von einer Waffe erfahren, die unsere Rettung sein kann."

Ein weiterer Berater kam zu Ballington. Er flüsterte ihm ins Ohr: „Wir haben eine zweite Nachricht erhalten von den Außerirdischen."

„Ich melde mich wieder bei Ihnen", erklärte der Präsident knapp, dann kappte er die Leitung nach Russland. „Dann lassen Sie mal hören."

Zuerst ertönte wieder jenes schrille Piepen und das Knacken dazwischen. Das ging so circa fünf Minuten, dann legte man die Übersetzung ein. „Erdenbewohner! Wir, die Hrtzpln vom Planeten Gosmon erklären eurem Planeten den Krieg. Wir werden bald bei euch sein. Dann werden wir eure Welt zerstören!"
Ballington wurde blass.
Er wandte sich an seine Generäle. „Verfügen diese Außerirdischen über eine so mächtige Waffe?"
Ein Generalleutnant meldete sich: „Ja, Mr. President. Davon ist auszugehen. Sie verfügen über eine Technik, die unserer um Lichtjahre voraus ist. Sie werden auch waffentechnisch überlegen sein."
Ein weiterer General meldete sich: „Mr. President. Wir sollten die Möglichkeit erwägen, auch atomare Waffen einzusetzen. Wenn diese Bedrohung ...
„Atomare Waffen?", echote Ballington heiser. „Wissen Sie, was das heißt?"
Der General gab noch nicht auf. „Wir müssen die stärksten Waffen gegen die Invasoren einsetzen, die wir haben. Wir wissen nicht, welche Waffen sie haben. Aber wir müssen mit dem Schlimmsten rechnen."
Ballington nickte. „Ich gebe die Atomwaffen frei", erklärte er mit zitternder Stimme. „Aber erst einmal nur auf Bereitschaft gehen."
Der General zog einen Schlüssel hervor, anschließend reichte er ihn dem Präsidenten. Der nahm ihn und steckte beide in zwei Schlösser, drehte sie. „Damit sind die Nuklearwaffen bereit", erklärte er bitter.
„Wohin werden sie gerichtet?", fragte Devensire.
„Auf das Weltall", antwortete der Präsident halblaut.

Der General entgegnete mit kalter Stimme: „Wir sollten auch die biologischen und chemischen Waffen klarmachen."
„Wie weit ist das Raumschiff noch von der Erde entfernt?"
Ein Experte der NASA entgegnete: „Wir schätzen noch zwei Stunden. Dann haben sie unseren Orbit erreicht."
„Wir müssen die Bevölkerung alarmieren", entschied Ballington.
Keine viertel Stunde später waren ausgewählte Kamerateams im Bunker. Vor einem großen U.S.A.-Banner erschien der Präsident, gekleidet in einen grauen Anzug. „Liebe amerikanische Bürger, liebe Bewohner der Erde. Wir haben außerirdischen Kontakt gehabt ..." Er warnte die Erde nun in einer fast einstündigen Ansprache vor dem außerirdischen Aggressor. Dabei ließ er nichts aus. Er endete seine Ansprache mit: „Wir werden alle Waffen, die wir haben, gegen sie einsetzen. Das schließt auch ABC-Waffen mit ein. Möge Gott mit uns sein."
Nachdem die Kameras abgeschaltet waren, setzte sich Ballington erst einmal. Das Schicksal der Welt lag auf seinen Schultern. Wenn er jetzt falsch handelte, war alles aus. Er sah Devensire an. „Das ist Wahnsinn", hauchte er. „Atomare Waffen. Wir wissen doch gar nicht, mit welchen Waffen die Extraterrestrischen angreifen werden."
„Es ist aber unsere einzige Chance", erklärte der Berater ruhig.
„Noch knapp eine Stunde", flüsterte der Präsident, „dann ist vielleicht alles aus." Er sah zu seinen NASA-Beratern herüber. „Wo wird dieses Raumschiff auf die Erde treffen? Wo wird es herunterkommen?"
Die Physiker und Mathematiker rechneten und gaben Formeln in den Computer ein, nach zehn Minuten erklärte ein

hagerer, blasser Akademiker: „Sie werden in Washington D.C. herunterkommen."
Auch das noch, dachte Ballington.
Er sah auf die Uhr; noch dreißig Minuten.
„Hat Hubble etwas gesehen?"
Die NASA-Leute schüttelten die Köpfe. „Nichts zu sehen. Dabei müssten sie eigentlich schon in Sichtweite sein. Merkwürdig ..."
„Ist der Killersatellit bereit?"
„Ist in Schussposition. Wir erwarten nur die Koordinaten ..."
Dann erschien ein weiterer Berater beim Präsidenten. „Sir, wir haben eine weitere Nachricht von den Außerirdischen erhalten."
Angespannt fuhr Ballington den Mann an: „Ersparen Sie mir das Gepiepe. Geben Sie mir sofort die Übersetzung!"
Der Berater nickte, schob ein Band in ein Gerät. Sofort ertönte aus den Lautsprechern: „Wir sind gelandet. Beginnen mit der Zerstörung des blauen Planeten. Wir werden die Menschen versklaven. Wir werden sie uns untertan machen! Bereit für Phase gelb!"
Verwundert sah Ballington den Berater an. „Wie alt ist diese Aufzeichnung?"
„Knapp fünf Minuten, Sir."
„Aktivieren Sie die ABC-Waffen!", befahl Ballington seinen Generälen.
Die Offiziere gaben Codes in einen Computer ein, nach fünf Minuten meldeten sie: „Alles bereit, Sir. Sie müssen nur noch den Befehl geben!"
Der Präsident sah seine Techniker an. „Holen Sie mir Washington auf den Bildschirm."

Keine Minute später flackerte eine Aufnahme vom Kongressgebäude über die Monitore, es wechselte sich ab mit Bildern aus der Stadt, die im Zehn-Sekunden-Rhythmus immer wechselten.
Von einem Raumschiff war weit und breit nichts zu sehen. Alles lag in harmonischer Ruhe. Vögel flogen über die Stadt, die Morgensonne blinzelte schüchtern hinter dem Capitolhill hervor. Der Morgenverkehr hatte eingesetzt. Die nahe Rushhour begann langsam.
Von Außerirdischen keine Spur.
Nichts.
Nirgends.
„Wo sind sie?"
„Sie sind definitiv gelandet ..." Man kratzte sich die Köpfe.
Ein General knurrte: „Vielleicht haben sie Stealth-Eigenschaften. Eine Tarnkappe?"
Ballington sah aufgeregt zu den Monitoren. „Wir müssen aufklären, wo sie sind!"
Ein Funkexperte entgegnete: „Sie sind laut Funkpeilmessung gelandet. Im Kern von Washington D.C. Da gibt es gar keinen Zweifel!"
Der Präsident sprang von seinem Stuhl auf. „Alarmieren Sie die Nationalgarde! Die Marines! Die Airforce!"
Der Funkexperte meldete sich wieder: „Sir, Sie senden ein Signal. Sie beginnen mit einem Lasergerät, die Stadt zu beschießen!"
Ballington wurde bleich. „Was ist mit den ABC-Waffen?"
Ein General entgegnete: „Sie sind bereit!"
„Wo sind diese Außerirdischen???"

Grmblfx, der Anführer der Hrtzpln, stand auf der Brücke seines Raumkreuzers. Er fühlte sich erhaben und überlegen. Bald schon sollte diese unsägliche Welt fallen. Bald schon würden die Menschen nur noch Sklaven und niedere Diener sein. Die Menschheit hatte seiner Technik nichts entgegenzusetzen.
Die Technologie der Hrtzpln war denen der Menschheit weit überlegen.
Wenn sie sich gegen ihn wehrten, würde er ohne Mühe ihre Welt in tausend Stücke sprengen. Er hatte die Waffen und die Möglichkeiten dazu. Es gab keinen Zweifel; die Erde würde bald eine weitere Provinz von Hrtzpln werden!
Grmblfx nahm das Mikrofon der Bordsprechanlage, um feierlich zu verkünden: „Wir werden nun den Planeten Erde einnehmen, Männer. Wir sind stärker und besser als sie, intelligenter und besser bewaffnet. Sie haben keine Chance gegen uns! Nun läuten wir das Zeitalter der Hrtzpln ein. Das Ende der Menschen."
Er drückte den Knopf für den Laserblaster. Stellte ihn auf Bereitschaft. Dann gab er das Zeichen zur Landung.
Der Raumkreuzer durchbrach eine Wolkenbank. Die Monitore gaben den Anblick auf eine große Stadt frei. Das musste ihre Hauptstadt sein!
Grmblfx lachte leise.
Er fühlte sich überlegen, so wie er schon viele Welten zuvor unterjocht hatte, würde er nun auch diese Welt überrennen. Er würde sie sich untertan machen. Der Siebenerrat von Hrtzpln würde stolz auf ihn sein. Mit dieser Welt hätte Grmblfx jetzt achtzehn Planeten unterworfen.
Das sollte ihm mal einer aus der Flotte nachmachen. Er war der ungekrönte Sieger, was Eroberungen anging. Er war

den anderen Kreuzerkapitänen weit voraus. Das wusste er natürlich auch.
Das Raumschiff setzte auf.
In derselben Sekunde ging ein Schrei durch den Kreuzer. Ein riesiger Schuh trat neben dem Raumschiff auf. Verfehlte es nur um Haaresbreite. Dann kam ein gigantischer zotteliger Vierbeiner, er überragte den Kreuzer um bestimmt das Hundertfache. Er schnüffelte an dem Raumschiff. Atmete dann schnaufend aus. Das Raumschiff wurde durch die Druckwelle fortgeschleudert. Überschlug sich. Kam auf dem Dach zum Liegen.
„Sie ... sie sind riesengroß", entfuhr es Tzqsd, dem ersten Offizier. „Sie zermalmen uns!"
In dieser Sekunde trat ein gigantischer Schuh auf den Kreuzer. Zerdrückte ihn. Keiner der Hrtzpln überlebte.

Der Schuh gehörte Carina, der siebenjährigen Tochter von Jeff und Clark. Carina ahnte noch nicht einmal, dass sie das Schicksal von über 200 Besatzungsmitgliedern des hrtzpln´schen Raumkreuzers besiegelt hatte.
Carina sprang fröhlich an der Hand ihrer Mutter auf und ab. Was niemand von ihnen wähnte: An ihrem Schuh klebte der Rest der Eroberer aus dem Weltall.

Gute Nacht

Nach einem arbeitsreichen Tag im Büro mit gefühlten eintausend Überstunden kam ich nach Hause. Ich war fertig, fiel todmüde ins Bett. Meine Frau saß noch vor dem Fernseher. Sie schaute sich irgendeinen Schrott an: „Wo die hohen Tanne rauschen", „Hundert Küsse auf erhitzten Stirnen", „Liebe auf ewigen Wogen" oder so einen Quatsch.
Ich pellte mich aus der Hose und dem Hemd. Schloss die Augen.
„Schatz?", klang es da aus dem Wohnzimmer. „Schläfst du schon?"
„So halb", antwortete ich, sollte diese Antwort auch schon bereuen.
Denn plötzlich stand sie in der Tür. Sie schaltete das Licht ein. „Sag mal, Hasenspatzi", flötete sie, „wolltest du nicht den Kühlschrank abtauen?"
„Jetzt?", fragte ich fassungslos.
„Dann brauchst du es morgen nicht zu machen ..."
„Ich schlafe!!"
„Nein! Tust du nicht!"
Fragend sah ich sie an.
Sie stemmte bestimmt die Hände in die Seiten. „Du sprichst doch mit mir!"
Ich schloss die Augen, drehte mich um. „Mache ich morgen."
Sie verließ das Schlafzimmer, ließ allerdings das Licht an. Seufzend erhob ich mich, schlurfte zum Schalter, knipste es aus. Schlurfte zurück. Legte mich hin, deckte mich zu.
„Ach übrigens ...", hörte ich sie sagen, während sie vom Wohnzimmer zurückkam. Dann ging das Licht an: „Tante Helga feiert übernächste Woche ihren Siebzigsten. Sie hat

uns eingeladen. Hast du dann Dienst, oder kannst du da hin?"

„Frei ...", murmelte ich schlaftrunken. Drehte mich um. Wer zum Teufel war Tante Helga?

Meine Frau hatte sich wieder zurückgezogen. Nur das Licht war noch an.

„Schaatz!", rief ich erschöpft.

Keine Antwort.

„Scha-hatz!", wiederholte ich.

Ebenfalls nichts.

Ich erhob mich. Trottete zum Lichtschalter. Knipste ihn aus. Legte mich wieder hin.

Plötzlich ging das Licht wieder an. „Mausezähnchen?"

Nur ruhig bleiben, dachte ich bei mir.

Als ich noch immer nicht antwortete, fragte sie: „Schläfst du etwa?"

„Nein", grunzte ich genervt, „ich habe die Augen nur geschlossen, weil ich sonst schiele."

„Ach so", flötete sie, „na dann: Isst du noch den Eintopf?"

Sarkasmus war offensichtlich nicht eine ihrer Stärken.

„Welchen Eintopf?", seufzte ich.

„Na, den auf dem Herd."

Dieser Eintopf war bestimmt schon dreißig Jahre alt. „Nein, der gärt."

„Okay." Sie ging wieder hinaus. Das Licht brannte.

„Schaatz?", jammerte ich.

Nichts.

„Schahatz!"

Wieder nichts.

Leise murrend stieg ich wieder aus den Kissen. Knipste dieses vermaledeite Geleuchte ab. Dann warf ich mich erneut unter die Decke.

„Ach, übrigens!" Das Licht ging wieder an. „Bevor ich es vergesse, mein Schnaufelchen!"
„Was jetzt noch?", seufzte ich.
„Bringst du mir morgen aus dem Supermarkt Waschpulver mit?"
„Natürlich", brummte ich, ließ die Augen geschlossen. Ich hörte, wie sich ihre Schritte wieder entfernten. Das Licht blieb natürlich an.
Ich auf. Dahin. Licht aus. Wieder zurück.
Schlaftrunkenheit legte sich wie ein dunkles Tuch über mein Haupt. Kaum hatte ich das Gefühl hinübergeglitten zu sein, ging das Licht ein weiteres Mal an.
„Ach hab ich dir noch gar nicht erzählt. Werner Kalkowski ist tot!"
„Werner ... wer?", murmelte ich ins Kissen.
„Na, der Werner Kalkowski. Der, der immer unten an der Bude steht. Der Freund vom Günther."
„G-g-g-günther ...", stammelte ich. „W-w-werner ...", legte ich nach. Schließlich wachte ich vollends auf. Ich setzte mich hin: „Wer zum Teufel ist Werner?"
„Ach", winkte sie ab. „Vergiss es. Manchmal habe ich den Eindruck, dass du überhaupt keine Notiz von deiner Umwelt nimmst."
Sie ging.
Die Tür schloss sich hinter ihr.
Ich saß da und sah auf das blanke Holz.
In diesem von Licht geradezu überfluteten Raum.
Ich ballte die Fäuste. „Licht", lachte ich völlig irre, „Licht!"
Ich warf die Decke mit Schwung zur Seite. Sprang auf. Stampfte zum Schalter. Legte ihn um.
Dunkelheit. Endlich. Ich tapste zurück zum Bett. Stieß mir am Bett den dicken Zeh und fluchte. Tänzelte auf einem

Bein durch den Raum. Krachte gegen ihren Schminktisch. Polternd fiel allerhand Zeug zu Boden. Es roch nach Verdünner.
Egal!!! Hauptsache schlafen!
Die Tür öffnete sich diesmal leise. Eine Gestalt betrat den Raum. Ich schlief noch nicht, aber ich stellte mich schlafend. Ich beäugte die Gestalt aus den äußersten Ecken meiner Augen. Die Gestalt ging zum Schminktisch. Sie kramte. Schlich wieder zurück und verschwand.
Was soll das?, dachte ich mir. Was mag ihr jetzt wieder in den Kopf gekommen sein?
Ich erhob mich. Wach war ich sowieso. Ich ging zur Tür und öffnete sie.
Sie saß auf der Couch und lackierte sich die Fingernägel.
Um diese Zeit?
Na egal! Hauptsache schlafen!
Als ich wieder unter der Decke lag, besuchte mich Pamela Anderson. Ich wollte gerade so richtig loslegen und ihr zeigen, was für ein toller Kerl ich war, da ging das Licht wieder an.
„Bärchen?"
SIE schon wieder!
Sie!
Ich schlug die Decke zur Seite. Sprang auf. Ging zu ihr. Ich bemerkte einen ängstlichen Blick, als ich ihr näher kam. Unehrlich überfreundlich lächelte ich sie an: „Ja, Schatz, ich komme mit zu Tante Helga. Dass Werner jetzt tot ist tut mir leid. Überhaupt und alles ..."
Sie ließ sich zur Tür herausschieben.

Ich drehte die Glühbirne aus der Fassung. Verbrannte mir die Finger dabei. Ließ sie ins Bett fallen. Vergrub sie tief unterm Oberbett. Tat noch zwei Kissen darauf. Und eine Decke! Und einen Vorleger!
Dann legte ich mich hin und fand endlich meine Ruh.
Träumte von Sonne, Liebe und Wohlsein.
Plötzlich zerrte irgendjemand an meiner Schulter.
„Was?", fuhr ich auf.
Da sah ich meine kleine Tochter, die mich mit großen Augen ansah.
„Papa", greinte sie. „Kannst du auch nicht schlafen?"

Der junge Liebhaber

Als Nicole eines Abends mit ihrer Freundin Dani loszog, um sich durch Bars und Diskotheken schleifen zu lassen, war sie alles andere als begeistert. Zum einen vermisste sie noch ihren Ex-Freund, diesen Blödmann, der sie wegen einer Jüngeren hatte sitzen lassen. Zum anderen war sie schon jenseits der Vierzig und da waren Diskothekenbesuche nichts mehr für sie.
Sie sah die jungen Dinger mit ihrer grellen Schminke und ihren zurechtgemachten Haaren, wie sie zu ihr herübersahen, wobei sie kicherten. Wahrscheinlich dachten sie: Was macht diese Mumie hier? oder Ist das hier die Steinzeit – bei so vielen Fossilien?
Nicole seufzte.
Was machte sie hier? Eigentlich war ihr nicht nach Feiern und Party zumute. Am liebsten hätte sie sich zu Hause auf die Couch begeben. Hätte einfach nur die Füße hochgelegt.
„Hallo, Süße", sagte da jemand neben ihr.
Verdutzt sah sie zur Seite und erkannte einen jungen Mann in den Zwanzigern. Er hatte dunkles Haar und graugrüne Augen. Ein Spitzbart zierte sein Gesicht. Eigentlich war er ja ganz süß.
„Hallo", sagte sie halblaut zurück.
Er lächelte kokett. „Fühlst dich hier nicht wohl, oder?"
Sie schüttelte den Kopf. „Nicht wirklich. Ich könnte die Mutter von den meisten hier sein."
Er lachte. „Wie alt bist du denn? Dreißig?"
Das tat gut. So konnte es weitergehen. Sie unterhielten sich den ganzen Abend. Sie merkte, dass dieser junge Mann nicht dumm war. Dabei war er auch äußerst charmant.

Als sie in den frühen Morgenstunden bei ihr zu Hause landeten, sich küssten und dabei fast gegenseitig auffraßen, dachte sie erstaunt: Ich habe einen jungen Lover, spitze! Für etwas Festes schien er noch zu jung, aber warum sollte sie sich von ihm nicht einmal richtig verwöhnen lassen? Sie war auch nur eine Frau mit Bedürfnissen ...
Seine Hände drangen unter ihre Bluse. Sie nestelten am BH am ihrem Rücken herum. Er drückte. Er schob. Er drehte. Er stocherte. Nach einer geschlagenen Viertelstunde, in denen er ihr fast ein Loch in den Rücken gefummelt hatte, sah sie ihn seufzend an. „Der geht vorne auf."
„Aha", sagte er, setzte danach noch grob hinzu: „Scheiß Technik!"
Sehr romantisch, dachte sie genervt. Sie zog ihn zu sich heran, küsste ihn wieder. Dabei schob er ihr die Zunge so tief in den Mund, dass sie dachte, er wolle dort nach ihrem letzten Mahl Ausschau halten. Sie bekam kaum noch Luft. Drückte ihn wieder weg.
Also kein Küssen.
Er zog sich das Shirt aus. Na ja. Das ließ sich wenigstens sehen. Er war zwar kein Adonis, aber er war schlank und halbwegs gut gebaut. Als er sich die Hose auszog, hatte sie auch ihre Bluse entfernt.
Schon stürzte er sich wieder wie ein Stuka auf ihren BH. Er nestelte vorne herum, fummelte an der Seite. Nach einigen Minuten gab er ein grollendes Geräusch von sich.
„Scheiße!", fluchte er. „Scheiße! Scheiße!!!"
Sie spielte die Geduldige, lächelte ihn milde an. „So geht das", sagte sie, drückte auf einen Verschluss. Schon fiel das widerspenstige Ding.
Er fiel über ihre Brüste her wie Atilla über das Abendland. Er quetschte und drückte sie, dann schlabberte er mit dem

Mund daran herum, wobei er schmatzende und glucksende Geräusche von sich gab, als schlürfe er Austern.
Als er sich wieder ihrem Gesicht zuwandte, war rund um seinen Mund, sogar sein Bart, alles nass. Genauso wässrig fühlten sich auch ihre Brüste an.
Okay, dachte sie resigniert, jetzt kann es ja nur noch besser werden …
Doch es wurde – genau – noch schlimmer!
Als er ihr ungeduldig die Hose von den Beinen zerrte, ihre Unterhose herunterzog und sein Gesicht in ihre Scham drückte, sah sie zu ihm herab. Sie fragte: „Sage mal, was machst du da eigentlich?"
Er sah sie überrascht an. Entgegnete lakonisch: „Vorspiel!"
Dann schlabberte er weiter. Es fühlte sich an, als hechele dort ein Seehund herum.
Nach zwei Minuten hatte sie genug.
„Einparken kannst du wohl auch nicht?", fragte sie spitz, im Hinblick auf seine erotischen Künste.
Er verstand nicht. Lächelte nur. Zuckte die Schultern.
Sie nahm seine Hand. Legte ihn sanft auf die Laken, dann entledigte sie sich seiner Unterhose.
Erstaunt sah sie, was da zu Tage kam: Sie musste zwei Mal hinsehen, um ihn überhaupt zu finden. Nachdem sie ihn verwöhnt, er gegrunzt und gestöhnt und dabei zwei Mal „Oh, Iris" gebrüllt hatte, reichte es ihr.
Sie wollte nun den „ganz großen Teil" der Show einleiten.
Sie setzte sich auf seinen harten Winzling. Zuerst musste sie mit der Hand nachfühlen, ob alles am richtigen Platz war, da sie nichts, rein gar nichts spürte. Dann, als sie sich sicher war, dass er wohl so war, machte sie mit ihrem Becken Auf- und Abwärtsbewegungen.
Ganz genau zwei …

Denn plötzlich stöhnte er laut und rief: „Ich komme!"
„Jetzt schon?", wollte sie rufen, doch sie verkniff es sich lieber.
Er zog seinen Däumling aus ihr heraus. Sah sie dumm grinsend an. Tupfte ihr einen Kuss auf die Wange. Dann drehte er sich um. Schlief ein. Einfach so. Ohne ein Wort.

Nicole lag noch lange neben ihrem jungen Lover wach . Sie fühlte sich wie von einem LKW überfahren. Allerdings von einem mit einer sehr kleinen Stoßstange.
Sie schlief erst sehr viel später ein.

Als sie am nächsten Morgen aufwachte, war ihr Mini-Gigolo fort. Erleichtert darüber aß sie ihr Frühstück, trank zwei Tassen Kaffee. Nicole schwor sich: Nie wieder so einen Bubi!

Als sie sich abends in die Badewanne legte, spürte sie ein Jucken, ein Beißen. Als sie an sich heruntersah, bekam sie fast Stehhaare. Jenseits ihres Äquators war alles voller verfilzter, dunkler Flächen. Es juckte höllisch.
Der Arzt ihres Vertrauens sah sie ernst an. Nüchtern sagte der Mediziner nur: „Filzläuse."
Das reichte!
Nie wieder so ein junger Spund! Nie wieder ein One-Night-Stand! Nie wieder so ein Fiasko!
Aus dem Alter war sie wirklich heraus!
Lieber eine frigide Oma als eine Filzläuse-Braut.

Ein merkwürdiger Tag

Eddy hatte einen Gebrauchtwagenhandel am Rande der City. Die Geschäfte liefen leider mäßig. Er musste buchstäblich um jeden Kunden kämpfen. Er wusste nicht, warum, aber niemand kaufte ein Auto.
Wie jeden Tag saß er in seinen Geschäftsräumen und betrachtete resigniert den regennassen Tag.
Kein Schwein war da.
Niemand hatte Interesse an seinen Wagen.
Stank er etwa, dass sich keiner hierhin verirrte?
Keiner?
Oh doch! Da war jemand. Völlig durchnässt und durchgeweicht stand da einer bei den Auslagen. Offenbar hatte er ein ganz besonderes Interesse an einem silberfarbenen Polo.
Eddy zog seinen Mantel an. Anschließend ging er hinaus. Den wollte er nicht einfach so ziehen lassen, da war er ganz Krämerseele. Der Fremde streichelte liebevoll über die Motorhaube des VWs. Dabei sah er leicht verträumt ins Innere.
Eddy stutzte.
Irgendetwas an diesem Kerl war merkwürdig.
Nur – was?
„Kann ich Ihnen helfen?"
Der Fremde zuckte zusammen. Fuhr herum. Sah Eddy aus großen Augen an. Dann nickte er, sagte: „Hup! Hup! Tröt! Tröt!" Er zeigte auf den Polo.
Etwas konsterniert hob Eddy die Augenbrauen. „Äh ... bitte?"
„Hup! Hup! Tröt! Tröt! Tröt!", wiederholte der Unbekannte. Zeigte abermals auf den Polo. Sah den Wagen liebevoll an.
Eddy vermutete: „Sie haben Interesse an dem Auto?"

Der Fremde nickte. Streichelte sanft über das Dach.
„Nun", erklärte Eddy, „der Wagen hat 60 PS, ist circa 70.000 Kilometer gelaufen, hat eine Klimaanlage, elektrische Fensterheber und ..."
„Hup! Hup! Hup!", rief der Fremde aufgeregt. Er gestikulierte wild mit den Händen in der Luft, sein Gesicht war verfinstert, als passe ihm irgendetwas nicht.
Der Verkäufer sah den Fremden fragend an. „Äh ... wie bitte?"
„Hup! Hup! Hup!" Der Unbekannte rieb Zeigefinger und Daumen aneinander; das international bekannte Zeichen für Geld.
Eddy verstand. „Sie wollen wissen, wie teuer der Wagen ist?"
Der Fremde nickte hektisch. „Hup! Tröt! Quietsch!" Wieder bedachte er das Auto mit einem lieblich-zärtlichen Seitenblick.
„Äh ... 7.200,00 Euro", erklärte der Kaufmann verdattert.
„Tröt! Tröt! Tröt!", nickte der Mann. Dann zog er einen Bündel Geldscheine aus der Tasche. Er zählte genau aus. Legte Eddy die Banknoten in die Hand.
Völlig perplex nahm der Verkäufer das Geld. Anschließend holte er den Fahrzeugbrief. Als er ihn übergab, sprang der Fremde überglücklich in die Luft. Kniete sich vor den Polo. Zog ein kleines Etui hervor, das er aufklappte. Darin: zwei goldene Ringe.
„Hup! Hup! Tröt!", rief er verzückt.
Plötzlich machte der Polo: „Hup! Hup! Hup! Hup!" Die Scheinwerfer leuchteten. Die Türen klappten auf und zu.
Eddy glaubte, er sei im falschen Film.
Der Fremde steckte den einen Ring an die Antenne des Polos. Den anderen an seinen Ringfinger. Er sprang immer

wieder in die Luft, wobei er völlig euphorisch rief: „Hup! Tröt! Tröt! Hup!" Dann stieg er ein. Fuhr davon.

Eddy sah diesem merkwürdigen Gespann eine lange Zeit fassungslos hinterher. So etwas hatte er ja noch nie erlebt. Hatte er gerade einer Autoehe, oder wie man das auch immer nennen wollte, beigewohnt? Waren die beiden jetzt etwa verlobt? Wie bekamen sie Kinder?
Eddy wollte es sich nicht vorstellen. Er schüttelte genervt den Kopf.
Dann betrachtete er seine Autos. Blieb vor einem Audi stehen.
Ob er wohl ...?
Nein!
Das war zu abstrakt.
Oder?
Er legte den Kopf schief, wobei er das Vehikel interessiert betrachtete. Dann streichelte er sanft über die Motorhaube, während er liebevollfragte: „Hup? Hup? Tröt? Tröt?"
Der Audi blieb stumm.
Bin wohl nicht sein Typ, dachte der Verkäufer. Er ging mürrisch zurück in die warme Bude. Er legte das eingenommene Geld in die Kassette. Verschloss sie sorgsam. Dann setzte er sich an seinen Computer. Trug den verkauften Wagen aus.

Gegen Mittag ging er zur Kaffeemaschine, er legte einen Pad in den Behälter. Eddy drückte den Startknopf. Duftender, heißer Kaffee füllte sich in seinem Becher.
„Jaja", seufzte er versonnen, streichelte das Gerät, „auf dich kann ich mich wenigstens noch verlassen ..."

Da pfiff die Kaffeemaschine melodisch. Sie machte verliebt: „Zisch! Zisch! Blubber! Zisch!"

Perfekt

Meine Güte! Siehst du toll aus!
Du sitzt mir im Café gegenüber. Nippst verführerisch an deinem Kaffee. Es sieht sehr weiblich aus, wie du deine vollen Lippen mit dem Getränk benetzt. Ich bin ganz hin und weg. Überhaupt sind deine Bewegungen grazil, sowie sehr fein. Nichts an dir ist vulgär oder überzogen, nichts auch nur annähernd unweiblich.
Nirgends ist ein männlicher Begleiter zu sehen. Bist du Single? Oder bist du unglücklich verliebt? Ich könnte dir dieses Unglück nehmen. Ich bin treu. Sehe halbwegs gut aus. Außerdem weiß ich, wie ich eine Lady wie dich zu behandeln habe.
Dein Körper ist grazil und schlank, du hast wirklich tolle Formen.
Du trägst langes, brünettes Haar, leicht gelockt. Sie sind offen. Es steht dir überaus gut. Dazu hast du braune Augen, die fast wie Bernsteine aussehen. Deine Grübchen an den Wangen sehen extrem feminin aus.
Deine Finger sind fein. Sie sind total graziös. Sehr gepflegt. Von einem Hauch Exotik; genau wie deine Augen. Geheimnisvoll und schön.
Toll!
Du bist eine wahre Traumfrau.
Sicherlich bist du sinnlich oder feinsinnig. Sicherlich hauchst du mehr, als dass du sprichst. Ich würde so gerne deine Stimme hören, sie ist bestimmt sehr anmutig.
Wie du wohl heißt?
Jacqueline?
Bianca?
Miriam?

Es gibt keinen Namen, der so schön ist wie du. Es gibt kein Wort, das dich auch nur annähernd beschreiben kann.
Oh, du Holde!
Oh, du Wunderbare!
Was du wohl beruflich machst? Modell? Schauspielerin? Bestimmt irgend so etwas. Kann ich mir gut vorstellen. Du hast wirklich keinen Makel, keinen Fehler. Du hast keinen Mangel. Du bist einfach perfekt.
Du bist sicherlich ein feinsinniges Wesen, eine Elfe oder feengleich. Wenn du läufst, schwebst du bestimmt mehr, als dass du gehst. Bestimmt liebst du Gedichte und Poesie; das könnte ich dir bieten. Ich würde Oden oder Hymnen über dich verfassen, die dich schöner umschreiben, als es ein Rainer Maria Rilke je konnte.
Oh, du Schöne.
Oh, du Holde.
Oh, du Grazile.
Du Göttin von Amors Gnaden.
Du wirst bestimmt von unzähligen Männern, vielleicht auch Frauen, begehrt und geliebt. Du hast bestimmt an jedem Finger zwei Verehrer. Ich glaube, jeder Mann würde alles für dich tun, jedes Wagnis eingehen oder auch sein Leben für dich verpfänden.
Engel singen bestimmt Arien über dich. Bist du doch bestimmt eine von ihnen. Du bist so wahnsinnig schön. So filigran. So wahnsinnig weiblich. Jeder, der in deinen Bann gerät, ist verzaubert bis verzückt.
Soweit ich das von hier erkennen kann, trägst du keinen Ehering. Also besteht Hoffnung.
Ich kann meine Augen nicht von dir lassen. Du Engel von reiner Schönheit. Du Nymphe voller Würde und Weiblichkeit.

Ich will dich lieben, voller Zärtlichkeit und Aufopferung. Du bist es wert, dass man Kriege für dich führt, dass ganze Weltreiche für dich zerbrechen und zerfallen. Du schöner Stern am Himmel. Du hellster. Du glänzenster.
Dein Blick ist Sinnlichkeit, deine Bewegungen Erotik. Deine Stimme ist bestimmt wie der liebliche Gesang von Sirenen oder Nymphen. Jeder, der sie hört, schmilzt bestimmt dahin. Sie alle würden dir sofort hörig werden.
Völlig willenlos.
Absolut trunken.
Total von dir fasziniert.
Nimm mich mit deinem Liebreiz, entführe mich in Meere aus Liebe. In Reiche voller Sinnlichkeit. Werde die Königin meiner einsamen Nächte. Ich will dich wie eine Göttin behandeln, will dich in Poesie und Hymnen verewigen. Du bist eine Frau, die Weltenreiche verdient, eine, die noch in tausend Jahren in süßen Erinnerungen weiterleben wird.
Du bist eine Grazie, eine Herrin über Liebe. Werde auch die Königin über meine Sehnsucht. Gegen dich ist Aphrodite ein namenloses Nichts.
Jetzt hebst du deinen Blick.
Deine Augenbrauen senken sich.
Dann sagst du: „Wat willste, du blöder Penner? Tuste mich anmachen, Alter?"
Naja, so toll bist du dann nun auch wieder nicht ...
Blöde Kuh!

Verführung auf Abwegen

Es waren nunmehr acht Wochen verstrichen, in denen er sie nicht mehr angerührt hatte. Er hatte auch kein Zeichen gegeben, dass er irgendwie erregt war, wenn sie in seiner Nähe war. Auch keines, dass ihm irgendetwas in dieserlei Hinsicht fehlte. Er fasste sie einfach nicht mehr an.
Klar. Morgens gab er ihr einen Kuss, wenn sie aufstanden. Abends einen zur Nachtruhe, manchmal auch zwischendurch ein paar weitere . Aber Sex? Nein, Sex gab es nicht mehr.

Sie wartete noch zwei weitere Wochen ab, dann nahm sie das Zepter in die Hand (und damit ist jetzt wirklich das Zepter gemeint und keine Phallussymbolik!). Sie legte sich schon früher als er ins Bett. Dabei trug sie nur ein T-Shirt, das weit ausgefallen war und ihre Rundungen und Reize besonders hervorhob.
Als er zu ihr kam, räkelte sie sich lasziv. Sie zeigte ihm ihre schönste Seite, ihre wildeste, ihre verruchteste. Mit rauchiger Stimme flüsterte sie: „Ich will dich, mein Bärchen!" Sie wuschelte sich durchs lange Haar. Sah ihn heißer an, als es Die Sonne je sein könnte.
Er machte „Mmh", dann drehte er das Licht ab. Er tupfte ihr einen Kuss auf die Stirn, schlussendlich drehte er sich zum Schlafen.
Verdattert blieb sie zurück. In ihrem weit fallenden T-Shirt und ihrer Wuschelmähne.
Was nun?
Sie lief mit den Fingern über seine Schulter, hinunter zum Bauch und von dort ...
Plötzlich hörte sie sein Schnarchen.

Das durfte doch nicht wahr sein!
Enttäuscht legte sie sich zurück . Sah zur Decke. Hatte er eine Andere? Eine Jüngere und Attraktivere? War sie schon alt und hässlich? So wie Nicole, ihre Freundin, die war auch schon steinalt und zwei Jahre älter als sie – nämlich siebenundzwanzig ...

Sie nahm sich vor, dem Schicksal etwas auf die Sprünge zu helfen. Am nächsten Tag, direkt nach der Arbeit, kaufte sie sich ein verführerisches Negligé und ein T-Shirt mit der Aufschrift: *„Hier darf nicht nur der Kronkorken poppen"*.
Sie ging zum Friseur. Ließ sich die Haare frech zurechtschneiden. Eine Visagistin kümmerte sich professionell um ihr Makeup.
So „bewaffnet" fühlte sie sich heiß. Sie fühlte sich weiblich. Sie fühlte sich begehrenswert.
Sie setzte sich mit ihrer neuen Reizwäsche ins Bett, legte ihre langen Beine übereinander. So wartete sie, bis er kam.
Als er in die Wohnung trat und sie rief, flötete sie lasziv: „Hier, mein Stier! Komme zu mir! Hole mich!"
Er trat ins Schlafzimmer. Sah sie an. Fragte: „Was gibt es heute zu essen?"
Sie gab nicht auf, schnurrte mit wildem Blick: „Fällt dir nichts an mir auf?"
Er sah sie an, antwortete trocken: „Hast du neue Bettwäsche drauf getan?" Mit diesen Worten ließ er sie zurück, ging leise summend in die Küche.
Empört pustete sie die Backen auf. Das konnte er doch jetzt unmöglich wirklich gesagt haben?
Doch sie ließ nicht locker. „Bärlie", zwitscherte sie zweideutig, „komm ins Schlafzimmer, hier ist heute dein „Abendessen" angerichtet!"

Er steckte den Kopf durch die Tür. Sah sie erneut an. Fragte: „Mmh! Was gibt es denn? Pommes?"
Er verschwand wieder.
Sie schüttelte fassungslos den Kopf, dachte: „Nein! Rindsschädel à la Blödbirne!"
Doch noch war Holland nicht verloren.
Sie hörte ihn aus der Küche nörgeln: „Du hast ja gar nichts gemacht! Gibt es denn heute nichts Leckeres?"
Sie schälte sich aus dem Bett, folgte ihm. Lasziv stellte sie sich abermals in den Türrahmen, sah ihn verführerisch an. Zeigte ihm ihre blütenweißen Schenkel. „Doch! Weißes Fleisch!"
„Hühnchen?", fragte er enttäuscht.
Sie ließ perplex die Arme hängen. Das konnte er jetzt nicht allen Ernstes gesagt haben ...
Er drückte sich an ihr vorbei. Ging ins Wohnzimmer.
Doch sie ließ nicht locker. Folgte ihm. Brachte sich wieder kokett am Türrahmen in Position. „Nein. Etwas viel Leckeres! Schau mich doch mal richtig an."
Er betrachtete sie, dann erhellte sich plötzlich sein Blick. Na endlich, dachte sie erleichtert, als er plötzlich hoffnungsvoll fragte: „Döner?"
Als sie nicht antwortete, ließ er sich wie ein nasser Sack aufs Sofa fallen. Schaltete den Fernseher ein. Gab ein undefinierbares Brummen von sich.
Sie schüttelte den Kopf. Huschte zu ihm, ließ sich auf seinen Schoß fallen. Hauchte ihm unanständig ins Ohr: „Heute Abend gibt es nackte Küche!"
„Chinesisch?" Er verzog das Gesicht. „Also, eigentlich wollte ich ..."
„Nein!", rief sie sauer. „Du Blödmann! Du Kretin!"

Sie sprang auf die Beine, verließ wutschnaubend das Zimmer. Legte sich im Schlafzimmer ins Bett. Dort zog sie die Decke über den Kopf. Sie war wohl wirklich zu alt geworden. Zu unattraktiv. Uralt. Hässlich. Uralt und nicht begehrenswert. Sie fühlte ihr Herz wild unter dem Negligé schlagen. Eine Träne rann ihr Gesicht herab.

Plötzlich spürte sie, wie sich die Mattratze neben ihr senkte. Sie spürte, wie sich jemand zu ihr setzte. Dann glitt eine Hand sanft unter die Decke. Streichelte sie am Arm.
Er war da.

Sie wollte sich die Tränen verbieten. Sie sich mutig verkneifen.
Nein. So tief wollte sie nicht sinken, dass sie wegen so etwas weinte. Doch die Enttäuschung war zu groß. Ihr Wunsch blieb illusorisch.
„Ich bin ein Ochse", hörte sie ihn leise sagen. „Ich habe dich gar nicht verdient." In der drückenden Stille zwischen ihnen tickte nur die Wanduhr leise und monoton. „Kannst du mir verzeihen?"

Sie hob die Decke. Sah ihn an. Bestimmt war jetzt all das teure und professionelle Makeup verwischt. Sie musste schrecklich aussehen; wie Pumuckel oder Boris Jelzin.
Er sah sie sanft an. „Du bist mein schönstes Abendessen", flüsterte er, „auch, wenn ich so ein Trottel bin, liebe ich dich!"
„Begehrst du mich auch noch?", fragte sie tränenunterdrückend.
„Na klar", lächelte er sanft, „sogar mehr als Hähnchenfleisch oder Döner ..."

Er hob sie sanft in die Höhe. Nahm sie in den Arm. „Wir Kerle sind oft begriffsstutzig", erklärte er ruhig, während er ihr eine wilde Haarsträhne aus dem Gesicht strich. „Verzeihe mir."

„Ich liebe dich", sagte sie tränenverhangen, sah ihm tief in die graugrünen Augen und dachte: Na, Gott sei Dank bist du Blödmann endlich vernünftig geworden.

Als er plötzlich fragte: „Aber was gibt es jetzt zu essen?"

Gedanken im Bus

„Dat turnt volle Kanne!"
„Da müssen wa nachher ordentlich chillen!"
Wie? Was?
Ich hatte, so glaubte ich, ein internationales Problem. Hörte zwar den Ansatz der deutschen Sprache, verstand aber nur chinesisch. Zudem kam mir das alles echt spanisch vor.
„Dat wird ein hyper Event!"
Ich drehte mich um. Betrachtete die jungen Leute, die hinter mir im Bus Platz genommen hatten. Lange, schlabberige Latzhosen, auf den kurzgeschorenen Köpfen umgedrehte Baseball-Mützen. Sie waren vielleicht gerade fünfzehn Jahre alt. Die Füße hatten die Bengel natürlich auf den Sitzen.
Das waren mir die Richtigen.
Die Jugend von heute. Macht, was sie will.
So hätten wir uns damals nie benommen!
Dazu diese unmögliche Sprache ...
Ich mochte solche Halbstarken nicht.
Sie waren mir ein Dorn im Auge. Das war genauso schlimm wie unnötige Kommentare. Zum Beispiel: Man stößt sich den Kopf irgendwo, dass es nur so kracht. Wetten, irgendjemand wird fragen: „Hat es weh getan?" Oder man lässt im vollbesetzten Lokal etwas fallen. Es wird sich hundertprozentig einer finden, der Beifall klatscht oder um Zugabe grölt.
„Dat wird voll crashen, Männ!"
Ich sollte aufstehen, um diesen unnützen Halunken einmal die Meinung geigen. Aber was bringt das? Die werden frech. Im Endeffekt bin ich der Blöde. Ich verstehe ja noch nicht einmal deren Sprache ...

Ganz zu schweigen von der Musik, die diese Kiddies hören. Da war ich letztens mal wieder nach langer Zeit in einer Diskothek, die mehrere Ebenen hatte. Auf der ersten spielten sie Bumm-Bumm-Musik. Hart und laut. Ich floh. Auf der zweiten wechselten sich schrille Töne ab, ohne Takt oder Rhythmus. Wieder türmte ich. Als ich endlich auf die dritte Ebene kam, fühlte ich mich gleich viel wohler. Aber was soll ich Ihnen sagen? Es war die Oldie-Ebene.
Bin ich mit meinen vierzig Jahren etwa schon ein Oldie?
Klar mag ich Bands wie U2 oder Simple Minds.
Aber bereits die Auszubildenden in der Firma kennen die kaum noch. „Ach ja", sagte mir unlängst einer von ihnen, „U2, die waren doch damals so bekannt. Meine Großeltern fahren darauf voll ab."
Damals?
Hallo?
Der Begriff cool wurde vollends umgedreht. Heute scheint es cool zu sein, mit umgedrehten Baseball-Mützen und schlabberigen Hosen herumzulaufen. Bin ich zu alt geworden? Fehlt nur noch, dass man mir über die Straße helfen will.
„Wat sachste? Date mich ma ab."
„Dat ist ameysing."
Ich verstehe nur Bahnhof.
Aus den Kopfhörern dieser verschrobenen Jugendlichen tönt laute Musik. Ihre MP-3-Player hängen leger um ihre Hälse. Das klingt wie das Tamm-Tamm aus dem Urwald.
Wenn ich da zurück an meine Jugendzeit denke, wir haben uns eigentlich nie daneben benommen. Na ja, selten ... manchmal ... auch schon mal öfter. Aber wir hatten den Anstand, das wenigstens nicht in der Öffentlichkeit zu machen.

Jeder zweite Satz endet mit „ey", „Alter", oder „ich hasse das".
Null-Bock-Generation.
Wohin steuern wir da nur?
Wir haben damals wenig gehasst. Wir kannten dieses Wort gar nicht. Wenn ich zurückdenke, fällt mir nur wenig ein, was wir wirklich hassten.
Vielleicht nur nörgelnde, spießige Erwachsene.

Happy Birthday

Alle Jahre wieder ...
Mein Geburtstag nähert sich wieder. Ich werde abermals ein Jahr älter. Jetzt könnte man positiv sagen: wieder ein Jahr näher an der Rente, aber ich sehe das anders: wieder ein Jahr näher am Todestag.
Wie jedes Jahr habe ich mir ein paar Leute eingeladen.
Die bringen Geschenke mit, doch was für welche ...
Oma Hilde hat einen selbstgestrickten Pulli mit einem Teddybären vorne drauf. Einen mit einem Schnuller im Mund. Also, wenn mich die Leute jetzt nicht für ein total weiches Weichei halten, weiß ich auch nicht weiter ...
Ich heuchle Freude. Dann packe ich schon das nächste Präsent aus: Eins mit rosa Papier und roter Schleife. Oh Gott! Was erwartet mich jetzt wieder? Ein Büchlein liegt darin, genauso rosa wie das Papier. Als ich es hochhebe, lese ich den Titel: 10 Wege, sich richtig beliebt zu machen.
Nanu? Was will mir mein großer Bruder damit sagen?
Meine Nichte kommt auf mich zu. Auch sie hat ein Geschenk in den Händen: „Für dich, Onkel Marcus! Mach schon auf!"
Als ich die gesamten Staffeln von „Sex and the city" in den Händen halte, weiß ich: Ich bin wohl wirklich ein total softes Weichei ...
„Danke", höre ich mich sagen.
Schon drückt man mir das nächste Präsent in die Hände.
Oh – lieber Gott! Lass es etwas Alkoholisches sein! Oder eine Waffe, damit ich mich erschießen kann!
Ich lächele, tue so, heuchle Freude und öffne es. Es ist von meinem kleinen Bruder. Leider keine Waffe oder Alkohol, sondern DVDs: Psycho I - IV. „Passt zu dir", ist sein lakonischer Kommentar.

Also bin ich jetzt ein weicheiriger Psychopath?
Ich nuschele ein „Dankeschön". Schon bekomme ich das nächste Ding aus der Hölle überreicht. Eine Flasche Prosecco und ein Geschenk in lila Glanzpapier. Oh Gott! Ich will kein Weichei sein ...
Das Geschenk ist von Tante Rosel und Onkel Klaus. Artig packe ich die Gabe aus, das Glanzpapier scheuert über meinen Daumen, ich verbrenne mich natürlich daran erst einmal.
So eine Sch...
Doch ich lächele.
Und lächele.
Und lächele noch mehr.
So lange, bis ich eine CD in Händen halte: Best of Wolfgang Petry. Mit all seinen großen Hits und Schlagern.
Oh-mein-Gott!
Warum nicht gleich die Münchener Freiheit oder Heintje?
Ich bin kein softes Weichei!
Ich bedanke mich höflich, höre Onkel Klaus sagen: „Die CD ist mit Poster. Eine Special-Edition nur für dich! Finden deine Tante und ich auch ganz toll!"
Tante Rosel nickt. Ergänzt: „Wir wissen ja, dass du eigentlich einen verkorksten Musikgeschmack hast; so einen mit Hottentotten-Musik! Das ist wenigstens Kultur!"
Ihr müsst es ja wissen ...
Von links bekomme ich ein Päckchen gereicht. Absender Jutta Schnippke.
Meine Ex? Was will die denn? Jutta und ich hatten uns vor Jahren böse getrennt, sie war eine echte Xanthippe und Emanze, die sich durch mich unterdrückt gefühlt hatte.
Doch jetzt ein Geschenk?
Ich lausche, ob ich ein verdächtiges Ticken höre.

Nichts.
Auch nirgends verräterische Kabel.
Ich öffne neugierig.
Finde zwei Dinge: einen abgetrennten Puppenkopf und eine Karte. Auf der Karte: in blutroten Lettern: **Die Mühlen der Gerechtigkeit mahlen langsam, aber gerecht!**
Junge! Junge! Kneift da wieder ein Höschen? Oder hat da jemand seine Tage? Ich lege die Sachen schnell zur Seite. Man muss es ja auch mal positiv sehen: Wenigstens hat sie an mich gedacht ...
Dabei könnte ich durchaus zum Weichei werden ...
Auf zum nächsten Geschenk: von Jennifer, meiner Gothic-Nachbarin. Ein in schwarzes Samtpapier mit schwarzer Schleife verziertes, kleines Päckchen lächelt mich an. Oh, lieber Gott! Bitte nicht wieder ein abgetrennter Puppenkopf! Mit gemischten Gefühlen öffne ich es. Darin entdecke ich einen runden, länglichen Gegenstand aus grau/schwarzem, gummiähnlichem Material. Ich hole das Ding heraus und sehe Jennifer fragend an.
Die lächelt zuckersüß: „Das ist der Penis eines mongolischen Bergemus. Der bringt Fruchtbarkeit und Glück."
Entsetzt sehe ich auf das Ding. „Ein ... ein was?", entfährt es mir.
Jennifer zuckt die Schultern. „Ja. Du musst ihn nur abends ein/zwei Mal reiben und dann bringt er dir Glück."
„Ich reibe aber keinen fremden Penis", bricht es aus mir heraus.
Auch sie hält mich wohl für ein Weichei ...
Jacqueline, meine Freundin, sieht mich halb ernst an. „Reibe ihn mal, dann bist du vielleicht nicht mehr so ein Sexmuffel!"
„Schatz!", rufe ich vorwurfsvoll.

Doch es ist zu spät.
Alle Augen sind auf mich gerichtet. Entsetzt lasse ich den Prengel fallen. Mit hochrotem Kopf flüchte ich in die Küche.
Jetzt erst mal ein Kurzer. Dann noch einer. Und weil es so schön war: noch einer.
Bergemupenisse und Sexmuffel.
Das haut dem Fass den Boden raus! Das sprengt das Dach der Kirche!
Halleluja! Das ist zu viel!

Als die Gäste abends so langsam gehen, bleibe ich mit Jacqueline alleine zurück. Sie ist in einen bequemen Bademantel gehuscht. „Du hast noch gar nicht mein Geschenk aufgemacht", flüstert sie und sieht mich undefinierbar an. Ich sehe mich um, erblicke aber nirgends ein weiteres Präsent.
Fragend heften sich meine Augen an ihre.
Sie öffnet den Bademantel, lässt ihn fallen.
„Schau mal", schnurrt sie lasziv, „das habe ich von Victoria Secret gekauft. Nur für dich."
Genau da wusste ich es: Ich bin definitiv kein softes Weichei!

Heike, die eigentlich Valbuna hieß

Heike hieß eigentlich gar nicht Heike. Heike arbeitete auch nicht wirklich als Sekretärin in einem mittelständischen Unternehmen. Heike hieß in Wirklichkeit Valbuna. In Wahrheit war sie eine junge, gut aussehende Hexe. Heike, oder besser Valbuna, übte diese Tätigkeit schon seit Jahren aus. Sie machte es zumeist im Stillen und Verborgenen.
Die wenigen Menschen, die von ihrem kleinen Geheimnis wussten, akzeptierten es meist. Manchmal zogen sie auch daraus ihren Nutzen.
Juckende Ekzeme und Ausschläge? Valbuna fand ein Gebräu, schon waren die lästigen Unannehmlichkeiten passé. Auch andere, weitere Probleme und Problemchen konnte sie effektiv „behandeln".
Valbuna bezeichnete sich als weiße Hexe, sie hatte mit Verwünschungen oder bösen Flüchen nichts zu schaffen, mischte keine tödlichen Gifte und Toxine. Valbuna sah sich als Naturkind, als Tochter der Wälder. Als Kind der Wiesen. Sie arbeitete nicht in einem dunklen Loch irgendwo im Keller, sondern in einem modernen Atelier, mit großen Fenstern, die das Sonnenlicht großzügig hineinließen.
Vormittags arbeitete sie im Büro, nachmittags war sie ganz Hexe.
So gefiel ihr das Leben.
Eines Tages begegnete ihr Klara. Klara, ein paar Pfunde zu viel auf den Rippen, mit Pickeln und Pusteln im gesamten Gesicht bedeckt, war wahrlich keine Schönheit. Sie schien das auch zu wissen, denn sie trat an Valbuna mit einem außergewöhnlichen Wunsch heran: „Ich möchte endlich einen Mann. Ich bin jetzt 23 Jahre alt und noch nie hat sich einer für mich interessiert."

Valbuna überlegte kurz. Ging in ihre kleine Bibliothek. Kramte dort ein altes Buch hervor.
Valbuna fand etwas: Einen Liebesduft.
„Nun", erklärte sie Klara, „ich werde wohl einen oder zwei Tage brauchen, um den Sud herzustellen. Wenn du dir einen Tropfen auf die Haut tröpfelst, werden dir die Männer in Scharen hinterherlaufen. Aber du darfst nicht zu viel davon nehmen, sonst passieren Dinge, die selbst du nicht willst ..."
Begeistert verließ Klara das Atelier.
Valbuna machte sich sofort an die Arbeit. Bald war das Extrakt fertig. Viel war es nicht, vielleicht füllte es gerade einmal die Hälfte der Flasche aus, aber man brauchte davon auch nur sehr wenig. Ein Tropfen reichte, schon war das andere Geschlecht ganz hin und weg.
Sorgsam entnahm sie die Flasche der Destille. Trug ihn ebenso achtsam zu einem hohen Regal, auf dessen höchsten Platz sie die Bouteille sicher abstellte. Dabei musste sie sich auf die Zehenspitzen stellen.
Plötzlich passierte es.
Ein unachtsamer Griff.
Eine unüberlegte Bewegung.
Die Flasche kippte. Fiel. Krachte auf Valbunas Kopf. Zersplitterte. Der Inhalt ergoss sich über die junge Hexe. Pitschnass fluchte sie. „Verdammt!"
Mit einem Handtuch trocknete sie sich ab. Ihre Laune war arg getrübt. Das Haar und Teile des Pullis klatschnass. Für heute hatte sie genug.
Sie verließ das Atelier. Stieg in ihren kleinen Lupo. Fuhr los. Sie wollte nur noch nach Hause. Schnell unter die Dusche. Schnell die nassen Klamotten loswerden. Die Ampel vor ihr

zeigte schon gelb. Sie gab Gas. Da war die Ampel schon rot. Sie zischte über die Lichtzeichenanlage hinweg.

Plötzlich blitzten hinter ihr blaue Lampen auf. Ein Blick in den Rückspiegel zeigte ihr, was sie schon geahnt hatte: Die Polizei.

„Verdammt! Verdammt!"

Sie hielt den Wagen langsam an. Kurbelte die Scheibe herunter. Ein junger Beamter trat an ihr Fenster, sah sie streng an. „Wissen Sie, warum ich Sie angehalten habe?"

„Ja", nuschelte Valbuna, „die rote Ampel ..."

Der Polizist nickte ernst. Steckte den Kopf zu ihr ins Fenster. Wollte etwas sagen. Doch es verschlug ihm den Atem. Seine Pupillen weiteten sich. Plötzlich lächelte er. „Du ... du bist die schönste Frau, die ich kenne. Oh du! Du Geschenk des Himmels! Du Engel der Schönheit!"

Verwirrt sah sie ihn an.

Dann fiel es ihr wieder ein.

Die Ampulle ...

„Darf ... darf ich weiterfahren?", fragte sie vorsichtig.

„Nicht, bevor ich deine Telefonnummer habe! Nicht, bevor deine Grazie mich Toren hörig gemacht hat! Oh, du Anmutige! Du Bezaubernde!"

Schnell kritzelte sie ihre Nummer auf einen Zettel. Gab ihn ihm. Kurbelte das Fenster hoch. Fuhr weiter. Hinter sich hörte sie ihn noch flöten: „Wärest du eine Rose in der Wüste, so würde ich den ganzen Tag weinen, damit ich dich wässern darf ..."

Sie fuhr nach Hause, stellte den Wagen ab. Stieg aus.

Auf der Straße, auf der sie wohnte, herrschte Hochbetrieb. Gedankenverloren wollte sie zu ihrer Haustür gehen. Da stieß sie gegen jemanden. Erschrocken raste ihr Blick hinauf. Eine maskuline Frau mit kurzen Haaren und in Jeans

sah sie böse an. „Können Sie nicht ..." Sie stockte. Ihre Augen wurden groß. Die Pupillen weiteten sich. Plötzlich zauberte sich auf ihr Gesicht ein helles Lächeln.
„Hallo, Schönheit", säuselte die Frau. „Jetzt weiß ich auch, was dir in deinem Leben gefehlt hat: Nämlich ich!"
Valbuna versuchte sich an ihr vorbei zu drücken. Doch sie packte sie. Zwei suomoringerstarke Arme umschlossen ihre Taille. „Sei mein Licht in der Dunkelheit! Mein Atem im unendlichen Weltenraum! Meine Stimme ist der Stille!"
Verzweifelt versuchte sich die junge Hexe an den Klauen der Dame zu befreien.
Zwei Männer kamen ihr zur Hilfe. Forderten die Frau auf: „Lassen Sie die junge Frau los und ..." Auch sie stockten. Ihre Pupillen weiteten sich. Einer der beiden warf sich auf die Knie. „Oh, du Holde! Werde die meine noch diese Nacht!"
Der andere schmiegte sich an sie, flüsterte ihr ins Ohr: „Wir zwei werden eins sein. Für immer und ewig will ich dich lieben und vergöttern."
Weitere Männer kamen zu ihr. Schworen ihr ewige Liebe und wie verhext waren sie von Sinnen.
Es wurde immer mehr. Von allen Seiten war sie plötzlich umringt von liebeswütigen Herren und einigen Damen.
„Heirate mich!"
„Sei mein auf ewig!"
„Werde die Frau meiner Kinder!"
Einer riss sich die Kleidung vom Leib.
Valbuna kämpfte verzweifelt. Doch gegen die Masse der Menschen hatte sie keine Chance. Bald schon waren fast einhundert liebeswütige Geschöpfe um sie herum. Ihre Kleidung zerriss, ihr Haar wurde durchwühlt.
Die Polizei rückte mit einem Großaufgebot an.
Trieb die Menge mit Schlagstöcken auseinander.

Setzte Wasserwerfer ein, nachdem die liebestollen Typen nicht mehr auf Lautsprecheransagen und Schläge reagierten. Es gab dutzendweise Verhaftungen. Nur mit Hilfe des schweren Gerätes konnte Valbuna entkommen. Sie flüchtete in ihren Hausflur, nur noch in Resten ihrer zerrissenen Unterwäsche bekleidet. Schweratmend lehnte sie sich gegen die Wand.
Noch mal davon gekommen ...
... so gerade noch ...

Dieses verdammte Gebräu!
Das nächste Mal würde sie besser einen harmlosen Tee brauen. Oder einen „Hab-mich-bloß-nicht-lieb-Trank" ...

Der Fluch der Fee

Ich war nie ein großer Glückspilz. Hatte nie viel Geld, schöne Frauen oder schnelle Autos. Meistens war bei mir alles Mittelmaß bis schlecht. Meine Frauenbekanntschaften gingen schnell auseinander, die alten und klapprigen Autos, die ich fuhr, fielen unverzüglich in sich zusammen.
Mit Geld konnte ich noch nie umgehen. So schnell, wie ich es in meinem miesen Job verdiente, so schnell floss es auch wieder von dannen ...
Den Tiefpunkt meiner traurigen Existenz erlebte ich bald. Völlig deprimiert schlenderte ich die Straße entlang. Ich erreichte einen kleinen Park. Ich war völlig am Ende.
Ich sah kein Licht mehr am Ende des Tunnels.
Traurig setzte ich mich auf eine Bank. Betrübt starrte ich vor mich hin.
„Hey, du!", erklang da eine hohe Stimme.
Ich reagierte nicht. Fühlte mich nicht angesprochen.
„Hey, du!"
Oder meinte man mich doch?
Ich drehte mich um, sah aber niemanden. Achselzuckend konstatierte ich, dass es wohl doch nicht mir gegolten hatte.
„Hey, du! Trauerkloß!" Die Stimme war bestimmter geworden.
Ich nahm keine Notiz davon.
Plötzlich schlug mir jemand mit der flachen Hand in den Nacken, dass es nur so klatschte. Zornig sprang ich auf. Sah mich um. Doch da war nichts.
„Wer war das?", brüllte ich.
Die hohe Stimme kicherte. „Ich! Ich war das!"
„Und wer ist *ich*?"

Plötzlich machte es *poff*, Funkten stoben auf, Rauch quoll. Vor mir stand ein kleines Mädchen, vielleicht ellengroß. Sie hatte einen Stab in der Hand, auf dessen Ende ein goldener Stern gesteckt war. Frech grinste es mich an.
„Wer ... bist du?", ächzte ich. „Oder besser ... was ... was bist du?"
„Ich bin eine gute Fee. Nun hast du drei Wünsche frei."
„Drei Wünsche?"
Die Fee verdrehte die Augen. „Jaha. Nuschele ich, oder bist du taub?"
„Und ich kann mir wünschen, was ich will?"
Abermals verdrehte Augen. „Spreche ich in Suaheli? Ja. Drei Wünsche."
Misstrauisch betrachtete ich das lockige Geschöpf. „Was kostet mich das?"
Die Fee verschränkte die Arme vor der Brust. „Mann, bist du argwöhnisch. Ich will dir nur eine Freude machen, Junge."
„Okay. Okay!", rief ich, dachte kurz nach. Dann, keine Sekunde später, schrie ich entzückt: „Ich will Geld. Ganz viel Geld!"
Die Fee sah mich skeptisch an. „Das ist alles?"
„Ja!"
„Nö. Das ist mir zu plump. Außerdem steht so etwas nicht in meinen AGB. Suche dir was anderes aus."
„Was?" Entrüstet starrte ich sie an. „Was ist an diesem Wunsch falsch?"
„Er ist zu pluhump!"
„Aber ich durfte mir wünschen, was immer ich wollte ..."
Es machte *poff*. Weg war sie.

Plötzlich schlug mir jemand hart in den Bauch. Ich knickte ein. Japste nach Luft. Fiel zur Seite.

Neben mir stand wieder die Fee. „Lege dich besser nicht mir an, Bürschchen!"

„Dann wünsch ich mir Frauen! Mindestens drei und alle sind sie blond und schön!"

Die Fee verdrehte abermals die Augen. „Meine Güte! Bist du plump! Ich weigere mich, dir solche dummen Wünsche zu erfüllen! Du weißt schon – meine AGB ..."

„Aber es sind *meine* Wünsche!"

Die Fee raste auf mich zu. Bevor ich mich versah, hatte sie mir einen saftigen Kinnhaken verpasst. Sterne blitzten vor meinen Augen auf. Ich sackte nach hinten. Ächzte.

Kurz, bevor es schwarz wurde, schlug mir jemand mit der flachen Hand ins Gesicht.

Ich kam wieder zu mir.

Sah die Fee nun dicht vor mir.

„Los!", quiekte sie. „Wünsch dir was!"

„Ich mag nicht mehr!", keuchte ich. „Das bringt doch nichts!"

Mühselig stellte ich mich auf wacklige Beine. Machte Anstalten, fort zu gehen.

„Nein! Nein! Nein!", kreischte die Erscheinung, stellte mir ein Bein. Ich landete abermals am Boden. „Du musst dir was wünschen!"

„Du erfüllst sie mir doch eh nicht!"

„Doch! Versuche es!"

„Ehrlich?"

Das Wesen sah mich aus Dackelaugen an. „Ja. Ehrlich."

„Dann wünsche ich mir jetzt eben wieder Geld!"

„Nö!"

„Wie – nö?" Langsam reichte es mir. „Du hast mir doch versprochen, meine Wünsche jetzt zu erfüllen!"
„Ja, schon. Den aber nicht!"
„Warum nicht?"
„Weil ich nichts von Geld halte." Sie schüttelte den Kopf. „Außerdem verstößt das gegen meine AGB."
Ich ballte die Fäuste. „Ich halte aber sehr viel davon! Ich pfeife auf deine AGB!"
„Du sollst nicht frech werden!", zischte sie und verpasste mir einen Schlag aufs Auge. Abermals blitzen Sterne auf. Wieder landete ich im Dreck.
„Ich habe die Schnauze voll", keuchte ich. „Lass mich in Frieden." Auf allen Vieren versuchte ich, ihr zu entkommen. Doch sie hielt mich am Gürtel fest. Jammerte: „Bitte! Bitte! Sag mir nur einen Wunsch! Das reicht mir doch schon!"
„Verschwinde, du Schizo-Fee!"
Doch sie gab nicht auf. „Bitte!"
„Na gut." Ich hatte einfach ein zu weiches Herz. „Dann wünsche ich mir einen Lamborghini. Rot. Cabrio."
„Ist das alles?"
Ich nickte. „Ja. Schon!"
„Nö. Geht nicht! Das ist auch nicht Vertragsgegenstand meiner AGB ..."
Langsam reichte es mir. Ich ballte die Fäuste. Starrte sie zornig an. „Mir reicht´s! Ich gehe. Suche dir doch einen anderen Blöden ..."
Doch abermals hielt sie mich am Hosenbund fest. „Bitte! Gehe nicht! Versuche es noch einmal."
„Ich wünsche mir eine liebere Fee. Eine, die mir auch meine Wünsche erfüllt! Ich will, dass du nicht mehr so böse und garstig bist!"

Es machte abermals *poff.* Aus der frechen Fee war eine blonde und makellose Gestalt geworden. Sie trug nun ein langes, weißes Kleid.

„Du hast mich erlöst", strahlte sie mich an. „Du hast meinen Fluch gebrochen!"

„Erlöst?"

„Ja. Ich war eine böse Fee. Du hast mich zur guten gemacht. Jetzt darfst du dir auch etwas wünschen."

„Aber ich kriege nicht wieder was aufs Gesicht?"

„Nein", schüttelte sie milde den Kopf. „Dein Wunsch ist mir Befehl."

„Ich wünsche mir einen guten Job, der angemessen bezahlt wird."

Sie wedelte mit dem Stab, Funken stoben auf. „So sei es!"

Sie lächelte milde. „Was ist dein dritter Wunsch?"

„Eine Frau, die mich liebt."

Abermals wedelte sie mit ihrem Stab. Erneut flogen die Funken nur so. „So sei es!"

„Ich kriege nicht wieder eins zwischen die Zähne?", fragte ich misstrauisch. Ich traute dem Braten noch nicht so ganz. Sie lächelte sanft. „Nein. Ich bin erlöst durch dich. Jetzt schlage ich dich nicht mehr." Sie verbeugte sich leicht und hauchte: „Leb wohl, mögen deine Wünsche dir Glück und Seligkeit bringen."

Es machte noch einmal *poff!*, dann war sie fort.
Ich befühlte mein blaues Auge. Betastete mein schmerzendes Kinn. Wenigstens hatte ich noch alle meine Zähne.
Junge, Junge.
Solche Sachen passieren auch immer wieder nur mir ... Ich hatte jetzt zwar eine verbeulte Visage, aber meine Wünsche schienen erhört worden zu sein.

Mein Leben änderte sich plötzlich und schlagartig.
Seit einem halben Jahr bin ich leitender Angestellter in einem großen Unternehmen. Zwei Monate später heiratete ich meine Jacqueline. Alles traf genauso ein, wie ich es mir von der Fee gewünscht hatte.
Ich habe es auch nie bereut, der Fee diesen einen Wunsch gesagt zu haben. Sie war glücklich, ich war es auch.
Doch ganz ehrlich; sollte mir jemals wieder eine Fee begegnen, nehme ich Reißaus. Dann werden aus meinen Beinen zwei rotierende Scheiben.
... oder ich lese vorher ihre AGB ...

10 explizite Tricks
nach einer Idee von meiner Nichte Celine

Ich haderte mit meinem Leben, war unzufrieden und ständig schlecht gelaunt. Mit Ende vierzig versauerte ich in einer kleinen Rechtsanwaltskanzlei mit einem mies bezahlten, dafür aber extrem stressigen Job.
Mein Boss nutzte mich offensichtlich völlig aus. Er ließ mich schuften, er verlangte, Überstunden zu machen. Außerdem gab er mir immer mehr Arbeit, ohne dabei mein Gehalt zu erhöhen oder eine adäquate Entlohnung dafür springen zu lassen.
Ich war es einfach nur leid.
Leider hatte ich auch so viel Angst vor meinem Boss, dass ich mich nicht traute, ihn darauf anzusprechen. Ich hätte auch gar nicht gewusst, wie ...
Plötzlich rumpelte es laut.
Ich schrak auf.
Aus dem Bücherregal, das ich von meinem toten Großvater geerbt hatte, war ein kleines, rosafarbenes Buch gefallen. Einfach so ...
Ich stutzte und hob es auf. Auf dem Einband stand: Zehn explizite Tricks, wie man mit seinem Chef spricht. Autor war ein gewisser Dr. Claus-Peter Edenhofer. Ich setzte mich wieder, das Buch in den Händen.
Na ja. Wenn es ein richtiger Doktor geschrieben hatte, dann musste ja etwas dran sein. Ich schlug es auf, las es.
Da standen Tricks wie: „Seien Sie aggressiv, und wenn Ihr Boss noch aggressiver wird, dann scheuen Sie sich auch nicht vor Beschimpfungen. Ihr Chef muss wissen, dass er keinen komplexbehafteten und unsicheren Angestellten vor sich hat."

Ganz schön gewagt.
Aber der Autor war schließlich ein Doktor ...
Ich las weiter: „Wenn Ihr Chef sich dennoch weiterhin weigert, drohen Sie ihm, sagen Sie ihm Dinge, wie: *„Gleich lernst du mich kennen, du mieser Typ!"* oder: *„Ich kann auch ganz anders ..."*. Duzen Sie ihn ruhig dabei, damit er merkt, dass Sie auf Augenhöhe verhandeln!"
Junge. Junge. Das war ja frech.
Aber immerhin- ein richtiger Doktor steckte dahinter: Dr. Claus-Peter Edenhofer.
Weiter las ich: „Brüllen Sie ruhig. Nur ein ängstlicher Chef ist bereit, mit Ihnen zufriedenstellend zu verhandeln."
Brüllen?
So richtig laut? Irgendwie klang das irrsinnig. Aber ich wusste: Hinter all diesen Worten steckte ein richtiger Doktor: Dr. Claus-Peter Edenhofer. Also mussten sie doch etwas taugen ...
Ich fuhr fort: „Hauen Sie definitiv ein paar Mal auf den Tisch. Das ist nicht nur bildlich gemeint. Schüchtern Sie ihn ein, zeigen Sie, was für ein Kerl Sie sind! Wenn er Ihnen droht, drohen Sie zurück. Sagen Sie ihm beispielsweise, was für ein ungebildeter Kretin er ist, dass er Ihre Qualitäten nicht erkennt."
Wow!
Echt?
Ich fand noch Weiteres: Zum Beispiel sollte ich auch vor körperlicher Interaktion nicht zurückschrecken. Eine kleine, körperliche Intervention hier und da mal auf den Oberarm, oder -schenkel, und mein Chef sollte wissen, wer ich bin. Was ich bin. Dann sollte ich vorher auch etwas trinken, das würde mich locker und mutiger machen. Das Beste

war, dass ich ihm keine Gelegenheit geben sollte, auszureden. Er sollte keine Chance bekommen, meine glänzenden Argumente niederzumachen.
„Fallen Sie ihm ins Wort, so oft Sie können und überrumpeln Sie ihn. Wittert er eine Schwäche, sind Sie sofort verloren."
Gut.
Dr. Claus-Peter Edenhofer war ein gebildeter Mensch. So einer würde einem niemals etwas Dummes raten.

Ich nahm all meinen Mut zusammen. Ging breitbeinig und erhobenen Hauptes in das Büro meines Chefs.
Als ich wieder herauskam, war ich um zwei Weisheiten schlauer.
Erstens: Auch gebildete Menschen können sich irren.
Zweitens: Heilloses Betteln schafft es nicht, einen verlorenen Job wieder zurückzubekommen.

Ich saß auf der Couch, als Jacqueline von der Arbeit nach Hause kam. Ich beichtete ihr, was ich getan hatte. Gestand ihr, wie es geendet hatte.
„Bist du eigentlich völlig von Sinnen?!", schrie sie zornig.
„So dusselig kann doch echt keiner sein!"
Wir bekamen einen Mega-Streit, in dessen Folge sie mit den Worten: „Such dir einen neuen Job, oder ich bin endgültig weg!", hinausstürmte.
Sie schlief in dieser Nacht bei einer guten Freundin.
Noch viel deprimierter saß ich jetzt da.
Arbeitslos.
Gedemütigt.
Kurz davor, Single zu sein.

Ich wollte sie nicht verlieren. Jacqueline war immerhin meine Seelenverwandte, mit der ich bereits über eine Dekade zusammen war. Ich WOLLTE sie nicht verlieren!
In dieser Sekunde polterte es abermals hinter mir.
Ich sah ein weiteres, rosafarbenes Buch am Boden liegen. Verdutzt hob ich es auf. Es war abermals ein Buch von diesem Dr. Claus-Peter Edenhofer mit dem aufmunternden Einband: **Zehn spezielle Tricks, Ihre Beziehung zu retten.**
Na ja. Was sollte es schaden?
Ich las interessiert Dinge wie: „Suchen Sie immer die Schuld bei ihr. Jedes Eingeständnis von eigener Schuld ist Harakiri." Dann: „Schütteln Sie sie ein paar Mal ordentlich durch. Frauen lieben konsequente Männer."
Ganz schön gewagt ...
„Wenn sie schreit, schreien Sie lauter. Nehmen Sie dabei eine bedrohliche Körperhaltung ein; Frauen wollen intuitiv ständig dominiert werden."
Aha.
„Wenn sie absolut resistent gegen jegliche Form von Argumentation ist, verpassen Sie ihr auch gerne einmal eine Ohrfeige. Kleine Schläge auf den Hinterkopf erhöhen bekanntlich das Denkvermögen."
Echt?
Wow!
Ich schlug das Buch zu. Holte mir an der Bar den nötigen „Mutmacher" (vielleicht waren es auch zehn oder fünfzehn). So konditioniert rief ich Jacqueline an. Dominant sprach ich: „Baby. Komm mal zu mir. Wir müssen reden."
Als sie mich zehn Minuten später unter Tränen verließ, rief sie noch über die Schulter: „Ich will dich nie wieder sehen!

Es ist aus! Ich bin fertig mit dir! Endgültig! Du hörst von meinen Anwälten!"
Rumms!
Die Tür war zu.

Okay. Irgendetwas hatte ich wohl nicht recht verstanden. Dieser vermaledeite Doktor! Dieser verfluchte Kretin! Wie konnte ich nur so dämlich sein, darauf zu hören?
Dann kam noch dazu: Der Alkohol war alle. Gut, dachte ich, dann fahre ich halt zur Tankstelle, um Nachschub zu holen. Dass ich voll wie ein Eimer war, verdrängte ich in dieser Sekunde.
Meinen Sprit bekam ich. Als ich jedoch wieder nach Hause fuhr, übersah ich einen Porsche, in den ich donnernd hineinjagte. Totalschaden. Mein Auto war hin. Die Protzkarre auch.
Der Fahrer bebte vor Wut. „Haben Sie etwa getrunken? Oh, warten Sie! Das wird Folgen haben! Ich rufe die Polizei!"
Wie ein Häufchen Elend stand ich also da.
In der Sekunde hielt ein alter, schrottreifer Polo an. Ein Mann mit spärlichem, grauem Haar und einem Matrixmantel, den auch der Schauspieler Keanu Reeves in einem seiner Filme getragen hatte, stieg aus. Lächelnd kam er auf mich zu.
„Ich sehe schon", erklärte er, „Sie haben da ein kleines Problem. Aber ich kann Ihnen Mut machen: Ich habe da zehn definierte Tricks, um bei Alkoholfahrten mit der Polizei zu verhandeln."
„Wer sind Sie?", knurrte ich. „Was wissen Sie denn schon?"
Der Mann lächelte mich siegessicher an. „Mein Name ist Dr. Claus-Peter Edenhofer. Vertrauen Sie mir. Ich bin ein echter Doktor."

Fünf Minuten später nahm mich die Polizei wegen versuchten Mordes fest.

Ich war verflucht

Zuerst verstauchte ich mir den Knöchel, als ich über unsere Katze stolperte. Dann züngelten Flammen der Verdammnis aus dem Toaster, als ich mir ein Frühstück machen wollte. Schlussendlich verließ mich auch noch meine Frau, weil sie meinte, ich sei verändert seit unserer Hochzeit. Sie hätte sich nun endlich gefunden. Komisch. Hatte gar nicht gemerkt, dass sie sich verlegt hatte ...
Soviel Pech auf einmal?
Ich dachte mir noch nichts dabei. Hielt es für ein Zeichen des Geschicks.
Doch dann fing mein Auto plötzlich Feuer, als ich es starten wollte. Im Kofferraum verbrannten 10.000 Euro in großen Scheinen. Was jedoch noch schlimmer war: Meine Pornohefte. Allesamt. Nichts blieb übrig.
Niedergeschlagen saß ich vor meinem Fernseher, als es plötzlich: PENG! machte. Ging auch der kaputt. In einem Feuerwerk aus Funken und Blitzen.
Das konnte doch kein Zufall sein!
Argwöhnisch saß ich im dunklen Raum (die Sicherungen waren auch herausgesprungen). Ich dachte nach. Soviel Pech konnte man doch gar nicht haben. Ich war mir sicher: Da steckte mehr dahinter.
Am nächsten Tag fuhr ich zu einem esoterischen Laden in der Stadt. Eigentlich bin ich ja nicht abergläubisch, doch all die Geschehnisse ließen die Vermutung zu, dass eine höhere Gewalt seine Finger im Spiel hatte.
Als ich eintrat, läutete ein Glöckchen über der Tür. Es roch nach Weihrauch und esoterischen Ölen. In den Regalen des Ladens fand ich Ouija-Bretter, Tarotkarten und allerlei okkulten Schnickschnack.

In einer Ecke auf einem großen Sitzkissen saß eine kleine Gestalt. Als ich näher kam, erkannte ich, dass es eine verschrumpelte Frau war. Ihr Alter war schwer zu schätzen, aber es hätte mich nicht gewundert, wenn sie schon Kaiser Wilhelm II miterlebt hätte ... oder sogar den I.?
Sie hatte die Augen geschlossen und summte ständig in einer monotonen Stimmlage. Um den Hals trug sie Amulette und Ode, vier Hasenpfoten und Zähne von irgendeinem erbarmungswürdigen Viech.
„Äh ... hallo???", rief ich.
Sie öffnete ein Auge und verzog das Gesicht, als hätte sie in eine Zitrone gebissen. „Nicht jetzt! Die Geister konnexieren mich gerade ..."
Konne... was?
Zeigen sie dir den Weg in die Nervenklinik?, dachte ich verwirrt.
Sie schloss das Auge und meditierte weiter.
Ich blieb verdutzt zurück.

Zwei geschlagene Stunden später war die Alte noch immer nicht fertig. Ich wollte gerade zornig das Geschäft verlassen, da sagte sie: „Du kannst jetzt mit mir interagieren. Was kann ich für dich tun?"
Ich sah sie an und seufzte: „Ständig passieren mir Unglücke und Missgeschicke. Alles geht um mich kaputt. Ich weiß nicht warum."
Sie zog einen Stapel Tarotkarten hervor und legte sie achtsam vor sich aus. Dabei machte sie immer wieder Geräusche wie „Mmh" oder „Aha" oder „Brr!". Ich wurde daraus nicht schlau.
„Und?", fragte ich, nach weiteren dreißig Minuten.
„Wie – und?"

„Äh ... was sagen die Karten denn nun?"
„Ach ja!" Sie sah mich ernst an. „Du bist verflucht!"
„Verflucht?" Ich fühlte mich in einen John-Sinclair-Roman versetzt. Ich lachte. Schüttelte den Kopf. „Wer sollte so etwas tun?"
„Ich schätze, negative Sphären und Dynamiken konteragieren gegen dich. Du musst ultimativ etwas dagegen machen!"
Ich verstand nur die Hälfte. Fragte verdutzt: „Und was?"
„Gegenmagie!" Sie sprang auf. Lief leichtfüßig zu einigen verstaubten Regalen. Kramte daraus ein paar Utensilien wie Glaskegel und -behälter, gefüllte Ledersäckchen und eine durchsichtige Plastiktüte mit so etwas wie Knochen darin.
Sie kauerte sich auf den Boden. Dann ließ sie die Knochen aus der Tüte regnen. Als sie am Boden lagen, nickte sie. „Ja. Du bist konterminiert mit einer negativen Vehemenz! Das postuliert, dass jemand Dich mit dunklem Malefizium verunreinigt hat."
Ich verstand sie immer noch kaum, machte trotzdem: „Aha ..."
Sie nahm eine Karaffe aus Glas. Besprenkelte mich mit einer nach Bullenurin stinkenden Flüssigkeit.
Angeekelt fragte ich: „War es das jetzt?"
Vorwurfsvoll betrachtete sie mich. „Du musst disponiert und empfangsbereit sein, sonst kann ich nichts für dich tun!"
Na gut. Das hatte ich endlich zum Teil verstanden. Ich dachte ironisch, Luke, glaube an die Macht.
Äußerlich blieb ich ernst. Ich nickte einfach nur ehrfürchtig.

Sie griff in einen der Lederbeutel. Bestäubte mich mit einem roten Pulver, so dass ich wie ein Indianer aussah. Dabei rief sie: „Geister der Unterwelt! Ihr müsst mich anhören! Dieser Mann ist willfährig für euch!" Dann sah sie mich auffordernd an.
Ich verstand nicht, hob fragend die Augenbrauen.
„Du musst jetzt auch was sagen", sagte sie schroff.
„Ich? Ach so. Okay. Na dann", ich brachte mich in Position, räusperte mich. „Sehr geehrte Geister und Geisterinnen. Ich kontaktiere Sie mit einem Problem, in der Hoffnung, dass Sie mir helfen können. Mit freundlichen Grüßen ..." Dann sah ich sie fragend an. „War das gut so?"
Sie verdrehte die Augen.
Also wohl eher nicht.
Sie besprenkelte mich wieder mit dem Bullenurin, dabei summte sie ein mir unbekanntes Lied. Dann holte sie aus dem Laden einen alten, zerknitterten Zylinderhut mit angestecktem Elch- oder Hirschgeweih. „Setze den auf!", forderte sie.
„Was ist das?", fragte ich, tat ihr aber den Gefallen.
„Ein Vier-Flüche-Hut!"
Ich musste mir ein Lachen echt verkneifen. „Ein ... ein ... was?" Wahrscheinlich würde sie gleich mit einer Anti-Geister-Kanone kommen. Sie griff hinter sich. Hatte plötzlich ein paar Tannenzweige in den Händen.
Verdattert sah ich sie an.
„Böse Geister haten diese Tannen", sagte sie sakral und begann, damit herum zu wedeln. Dabei sang sie einen fremdländischen Choral.

Schließlich zauberte sie etwas hervor, das mich an einen Kochlöffel erinnerte. Damit hämmerte sie im Takt ihres Liedes auf den Boden, als sei sie beim Topfschlagen. Dabei sang sie: „Suse suse summ!" (oder so ähnlich).
Langsam wurde es mir zu blöd. „Wie lange dauert es denn noch?", nörgelte ich.
Sie sah mich streng an und knurrte: „Wenn du die Geister hetzt, sind sie überfordert und beleidigt. Du musst geduldig sein."
Eingeschnappte Geister? Junge, Junge, so ein Geist schien ein ganz schön empfindlicher Geselle zu sein ...
Als sie innehielt und die Augen schloss, dachte ich schon, sie sei gestorben, da sie sich nicht mehr regte.
Doch plötzlich riss sie die Glubscher wieder auf und rief: „Jetzt asken wir die bones!"
Sie ließ diese heiligen Gebeine vor sich auf den Boden fallen, wühlte darin herum und brummte: „Du bist noch okkupiert von den negativen Vehemenzen." Dann sprang sie auf. Fischte aus einem der Regale eine Handvoll Konfetti, das sie über mich regnen ließ. Dabei rief sie: „Böser Geist! Weiche! Oder ich trete dir in die Eier!"
Auch das hatte ich endlich verstanden. Ich stutzte zwar, sagte aber nichts.
Schließlich sah sie mich wach an. „Es ist vollbracht."
Sie kratzte sich am Hintern. Streckte die Hand aus. Sagte noch: „Kostet fünfhundert Euro!"
„Was?" Ich dachte, ich hätte einen kleinen Mann im Ohr. „Fünfhundert?"
Sie winkte ab. „Aber ich habe momentan die Super-Spezial-Exorzismuswoche, daher kostet es nur den halben Preis."
Ich zahlte und fragte argwöhnisch: „Aber ich bin jetzt fluchbefreit?"

Sie nickte.
So verließ ich den Laden. Stieg in den Bus. In der Sekunde stolperte ein Mann auf mich zu. Stieß gegen mich. Riss mich mit sich. Wir fielen auf den Asphalt.
Er sah mich benommen an. „Sie ... sie haben mir das Leben gerettet!"
„Oh, wie schön!", seufzte ich und massierte meine schmerzende Schulter.
„Was kann ich für Sie tun? Sie können nennen, was immer Sie wollen!"
„Ein neues Auto?"
Er stellte mir einen Scheck aus und gab ihn mir. „Was immer Sie wollen ..."
Als ich mich auf einen der Sitze pflanzte, sprach mich eine attraktive Dunkelhaarige an. „Ich mag Männer, die anderen das Leben retten. Wollen Sie mit mir ausgehen?"
Verdattert nickte ich. Sie gab mir ihre Nummer.
Als ich ausstieg, noch völlig erschlagen von den Eindrücken, war ich mir sicher: Die Geister waren mir wieder hold.

Wunderliche Weihnachten

Peter war ein arbeitsloser, ein desillusionierter Mensch. Er hatte in den letzten drei Jahren so ziemlich jede Tiefe und jedes Unglück mitgemacht.
Inkassobüros, Mahnbescheide und Gerichtsvollzieher kannte er in- und auswendig. Einige der Beamten nannte er mittlerweile schon beim Vornamen.
Nun wohnte er in einem kleinen, schmuddeligen Appartement. Er trank. Trank viel. Viel zu viel. Die Zeit, die er hatte, war ihm zu lang. Er war ohne Aufgabe oder ohne eine Bestimmung.
Zudem näherte sich jetzt die Zeit, die er am meisten hasste: Weihnachten.
Wenn er die glücklichen Familien sah, die harmonischen Pärchen oder Kinder war sein Herz voller Beklommenheit. Er fühlte sich traurig und ausgegrenzt, so dass er mehr trank, als er vertrug. Am Ende zog er sich zurück und trauerte, wobei er voll, wie ein Eimer war.

Weihnachten kam. Der Heilige Abend stand vor der Tür. Peter öffnete seine dritte Flasche Bier. Er setzte sich vor den Fernseher. Genervt zappte er durch die Programme. Dabei musste er feststellen, dass auf allen Kanälen derselbe sentimentale Mist lief. Er atmete tief durch. Trank die halbe Flasche leer.
Sehnsüchtig wanderte sein Blick durch die karge Stube. Kein Weihnachtsbaum, kein Schmuck und keine duftenden Lebkuchen. Alles war leer und trist. Er sehnte sich nach dem Gekicher von Kindern, nach einer liebevollen Frau.

Doch er wusste auch schmerzvoll, dass seine Frau inzwischen mit einem anderen Mann zusammen war, dass seine Kinder einen Fremden Papa nannten.
Ihm war zum Suizid zumute.
Er leerte eine weitere Flasche, bevor er eine neue öffnete.
Nur möglichst schnell dicht sein, dachte er, dann trank er weiter.
Plötzlich klopfte es an der Tür. Verwundert sah Peter auf. Wer könnte das jetzt sein? Mitten am Heiligen Abend? Einbrecher?
Nein! Die klopfen in den seltensten Fällen an.
Vertreter?
Nein! Wohl kaum zu Weihnachten.
Er erhob sich aus dem fleckigen Sessel. Ging zur Tür. Schaute durch den Spion. Sah nichts.
Na ja, wähnte er, war wohl nichts ...
Er wollte sich gerade wieder hinsetzen, da klopfte es abermals. Peter öffnete erneut die Tür. Er staunte nicht schlecht. Vor ihm stand ein kleiner Mann, vielleicht einen Meter zwanzig hoch. Er hatte spitze Ohren. Zudem eine spitze Nase, trug grüne Knickerbocker. Über einem Leinenhemd eine grüne Weste.
„Was ... was kann ich für Sie tun?", fragte Peter konsterniert.
„Du musst uns helfen, Peter", sagte der Wicht hektisch. „Auf den Weihnachtsmann wurde geschossen. Er kann die Geschenke nicht mehr ausliefern."
„Wie – geschossen? Wie – Weihnachtsmann?"
„Als der Weihnachtsmann durch einen Kamin in eine Wohnung gerutscht ist, hat ihn ein nervöser Mensch mit Schrot beschossen. Direkt in den Hintern." Nervös sah der Wichtel Peter an. „Du musst uns helfen!"

„Weihnachtsmann?" Peter schüttelte den Kopf. „Ist das hier versteckte Kamera? Sucht euch einen anderen Dummkopf, den ihr foppen könnt!"
Er wollte die Tür zuknallen. Doch der Wicht stellte seinen Fuß dazwischen. „Peter! Weihnachten steht auf dem Spiel! Du musst uns helfen!"
„Es gibt doch gar keinen Weihnachtsmann", knurrte Peter.
„Doch!" Der Wichtel zerrte an Peters Hemd. „Komm mit aufs Dach. Dann siehst du es selbst."
Peter steckte die Schlüssel ein, anschließend folgte er dem Männchen, das ihn die Treppe hinauf zum Flachdach des Hauses führte. Er staunte nicht schlecht, als er in die schneeverhangene Nacht hinaus kam. Da stand wirklich ein großer Schlitten, vor den einige Rentiere gespannt waren. Hintendrauf lag ein riesiger Sack. Daneben hockte, man mag es kaum glauben, der Weihnachtsmann mit schmerzverzerrtem Gesicht.
Peter kniff sich den Arm, um festzustellen, ob er wach war. Als seine Prüfung positiv endete, ging er langsam an den Schlitten heran.
Der Weihnachtsmann, ein opulenter, kleiner Mann mit weißem Rauschebart, sah ihn bittend an. „Hallo, Peter, du musst uns helfen ..."
„Warum gerade ich?"
Der Weihnachtsmann lächelte schmerzverzerrt. „Weil dieser Job nur für einen Menschen mit einem großen Herzen ist. Du bist wie geschaffen dafür."
„Sie haben dich angeschossen?! In den A..."
„Ja, Peter!", entgegnete der Rotgewandete. „Direkt zwischen Kimme und Korn." Er seufzte vernehmlich. „Volltreffer ..."
„Ich habe getrunken ..."

„Aber du bist ein lieber Kerl. Willst du uns helfen?"
„Ja ... ja klar."
Der Weihnachtsmann reichte ihm einen kleinen Sack. „Dann zieh das an, und los geht's."
Peter fand in dem Beutel roten Anzug und eine rote Mütze. Er kleidete sich. Setzte sich neben den Weihnachtsmann.
„Aber ich habe keinen weißen Bart. Außerdem habe ich letzten Monat meinen Führerschein verloren."
Der Weihnachtsmann sah ihn ernst an. „So etwas nennt man Not in Verzug. Da brauchst du keinen Führerschein!"
Peter schluckte. „Muss ich etwa auch durch irgendwelche Schornsteine?"
„Ja, klar. Anders geht es nicht."
„Aber was ist, wenn ich auch angeschossen werde? Wie erkläre ich das meiner Exfrau und den Kindern? Die haben sowieso schon eine ganz schräge Meinung von mir."
„Ich stelle dir ein Arbeitszeugnis aus", erklärte der Weihnachtsmann, „aber du MUSST uns helfen!"
„Was soll ich tun?"
„Setz dich auf den Kutschbock. Dann geht es zum nächsten Haus."
Peter tat, wie ihm geheißen. Er nahm die Zügel. Mit mulmigem Gefühl rief er: „Ho!"
Die Rentiere setzten sich in Bewegung. Hoben ab. Flogen los. Er glaubte, er verfalle dem Irrsinn.
Ich fliege, dachte er, so etwas darf es doch gar nicht geben! Der Weihnachtsmann reichte ihm ein Geschenk. Die Rentiere schwebten bereits über einem Haus, bevor sie auf dem Dach landeten.
„Was muss ich jetzt tun?", fragte Peter verunsichert.
„Siehst du den Kamin?", fragte der Weihnachtsmann. „Da musst du runter."

„Aber wenn ich stecken bleibe? Was ist, wenn ich da drinnen hänge? Holt ihr mich dann da wieder raus?"
„Natürlich!"
Peter kletterte den Kamin hinab. Fand eine kleine Wohnung vor. Er legte das Geschenk unter den Weihnachtsbaum. Dann verschwand er wieder. Das wiederholte er in dieser Nacht dutzendmal. Als er fertig und der große Sack leer war, sah ihn der Weihnachtsmann freundlich an. „Ich danke dir, Peter. Ohne dich wäre dieses Weihnachten beinahe zum Fiasko geworden. Als Dank möchte ich dir auch ein Weihnachtsgeschenk machen. Was möchtest du gerne haben?"
Peter musste gar nicht lange überlegen. „Ich möchte meine Familie zurückhaben."
„So sei es", schmunzelte der Weihnachtsmann und gab Peter eine seiner Schellen. „Jetzt geh zurück nach Hause. Der Rest wird sich finden."
„Du, Weihnachtsmann?"
„Ja, Peter?"
„Wohnst du wirklich am Nordpol?"
Der Weihnachtsmann lächelte listig. Dann schüttelte er den Kopf. „Ich komme von den Bahamas. Dort verbringe ich das ganze Jahr, bis es wieder Weihnachten wird. Ist dort viel angenehmer …"
Peter lachte verständnisvoll.
Dann verabschiedete er sich.

Als er wieder in seine kleine, trostlose Wohnung kam, war ihm das Herz leicht. So schöne Weihnachten hatte er in den letzten Jahren noch nie verlebt. Pfeifend setzte er sich auf seinen alten, fleckigen Sessel.

In diesem Moment klingelte die Schelle leise. Dann ging sein Handy.
Verwundert sah er das Display.
Es war die Nummer seiner Exfrau.

Positiv

Ich weiß nicht, ob ihr das kennt: Man steht morgens gutgelaunt auf. Man flötet beschwingt ein Lied auf das Leben. Man ist bester Dinge, man freut sich. Die Sonne scheint einem aus dem Gemüt.
Ihr könnt davon ausgehen, dass man abends einen anderen Song singt. Irgendetwas passiert mit Sicherheit, dass eure gute Laune zerschlägt, wie mit einem Presslufthammer. Dass eure Positivität schlagartig beendet wird. Dass irgendjemand aufkreuzt, der euch eines Besseren belehrt.
Ja.
Das ist der Soundtrack meines Lebens. Ich bin eigentlich immer positiv gestimmt. Denke von allen Menschen nur das Beste. Ich freue mich über jede Kleinigkeit. Bin immer gut gelaunt. Bin ein wahrer Freudenfunke. Doch das Leben ist ein Spaßverderber, der nur darauf bedacht ist, einem alle Freude, jeden Optimismus zu nehmen. Notfalls mit Gewalt ...
Dennoch: Ich bin total gut drauf!
Immer!
Ich gebe euch einmal ein Beispiel für einen typischen Tag: Letzte Woche klingelt morgens mein Wecker. Mit einem beschwingten Lied auf den Lippen will ich duschen gehen. Doch als ich den Wasserhahn aufdrehe, kommt nur eiskaltes, frostkaltes und -klirrendes Wasser heraus. Ich sehe das positiv: Jetzt bin ich wenigstens wach. Ich drehe am Warmwasserregler. Plötzlich erklingt ein langgezogenes Ächzen und Stöhnen aus der Leitung. Dann ebbt das Wasser ab. Nicht ein einziger Tropfen kommt mehr heraus.
Ich bleibe immer noch positiv.

Ich denke: Na, dann eben nicht. Geduscht habe ich gestern schon, so sehr miefen kannst du also nicht.
Ich will mich rasieren, schneide mich natürlich an der Nase. Jetzt blute ich wie ein Mordopfer. Die Blutung will ich mit einem Wattepad stillen. Doch überrascht muss ich erkennen, dass Jacqueline, meine Frau, sie alle aufgebraucht hat. Ich finde nur einen kleinen Zettel in der Box mit der lakonischen Bemerkung: „Alle!"
Also muss ein Handtuch herhalten. Mittlerweile tropft mein Blut üppig auf den Fliesenboden. Vielleicht sollte ich mir ein Pflaster besorgen? Ich will losgehen, rutsche auf dem Blut am Boden aus. Liege wenige Sekundenbruchteile später zwischen Wanne und Toilette. Ich sollte auch nicht unerwähnt lassen, dass ich vorher mit dem Schädel gegen letzte gedonnert bin.
Ich sehe Sterne. Kann nur leider nicht unterscheiden, ob mir Jupiter oder Alpha-Centauri besser gefällt ...
Ich lasse mir meine gute Laune nicht vermiesen! Dazu gehört schon mehr, als Jupiter oder so ...
Die Pflaster finde ich natürlich nicht. Ich stelle fest, dass Jacqueline wieder aufgeräumt hat. Die Pflaster sind wahrscheinlich an einen Ort, Lichtjahre entfernt von dem, an den ich sie gelegt habe, versteckt. Mir bleibt nichts anderes übrig, als mir einen ihrer Tampons ins Gesicht zu drücken. Sieht bestimmt sehr maskulin aus ... Allerdings bin ich von der Saugfähigkeit dieses Artikels überrascht. Gleichzeitig bin ich von dem Hygieneprodukt sehr überzeugt.
Dennoch: Ich bleibe positiv!
Im Autoradio läuft heute eine Schlagerhitparade. Na, das fehlt auch noch. Der Knopf für den Sendersuchlauf ist schon seit Wochen defekt. Habe mir gestern einen elektrischen

Schlag daran geholt. Wäre fast in den Gegenverkehr geraten. Hätte beinahe einen Streifenwagen der Polizei gerammt.

Die tüchtigen Beamten haben mich ins Röhrchen blasen lassen. Haben mich hochmotiviert auf Drogenmissbrauch untersucht. Hätte nur noch gefehlt, dass sie meine Körperöffnungen näher inspiziert hätten.

Doch heute bin ich schlauer. Ich will das Radio abschalten, als ich plötzlich auch diesen Knopf zwischen den Fingern halte.

Das gibt es doch nicht!

Eine Fahrt ohne Musik ist nicht zu vertreten! Das will ich nicht! Das geht gar nicht!

So versuche ich, während ich das Lenkrad mit den Knien halte, das mistige Ding wieder anzustecken.

Plötzlich ein Knall. Ein Blitz zuckt auf. Meine Haare stellen sich auf. Meine Zähne fliegen fast raus. Ich sehe, wie Papst Franziskus im rosa Tütü auf meiner Motorhaube tanzt. Als ich wieder klar sehe, ist es allerdings schon zu spät.

Ein Krachen. Ein Splittern. Ein Donnern.

Ich bin in ein anderes Auto gedonnert. Natürlich ist es der Streifenwagen von gestern.

Verdammtes Déjà vu.

Na, ganz großes Kino!

Doch ich bleibe positiv ...

Was man allerdings von den Beamten nicht unbedingt sagen kann. Sie geben sich unfreundlich und genervt. Einer von ihnen murmelt: „Was läuft bei dem bloß falsch?"

Als sie den blutigen Tampon auf dem Beifahrersitz liegen sehen, sind sie sowieso etwas überfordert. Einer fragt mich ungläubig: „Haben Sie ein Andenken an Ihre Frau mitgenommen?"

Der andere vermutet: „Oder haben Sie Ihre Tage?"
Ich versuche es mit einem Gag: „Ja, in meiner Nase."
Jetzt werden die beiden erst recht gründlich. Sie untersuchen mich extrem genau, sogar an Stellen, die ich hier nicht näher benennen möchte ... Ich sollte dann und wann einfach einmal meine dumme Klappe halten ...
Der Wagen ist hin. Ich habe eine Anzeige am Hals. Muss nun zu Fuß ins Büro. Es möge mir erlaubt sein zu sagen, dass es wie blöde regnet.

Doch eines lasse ich mir ganz bestimmt nicht nehmen: meine Positivität.
Ich verrichte meine üblichen Arbeiten im Office. Als mein Telefon kurz vor Feierabend klingelt, denke ich an nichts Böses. Ich melde mich artig. Höre auf der anderen Seite nur ein aufgeregtes Schnaufen.
„Hallo?", frage ich arglos.
„Du!", kreischt mir da eine Frauenstimme entgegen.
Ich erkenne sie sofort: Es ist Jutta, meine Ex. Wie ist sie nur an meine dienstliche Nummer gekommen?
„Du!", knurrt sie. „Du Vollarsch! Glaubst du, dass du mir entkommen kannst? Niemand entkommt einer Jutta Schnippke."
Vielleicht hätte ich sie nicht bei Nacht und Nebel verlassen und in eine andere Stadt ziehen sollen? Aber Jutta war der Typus „Alice Schwarzer, gemischt mit Jean d´Arc". Ich hätte ihr vielleicht auch persönlich sagen sollen, dass Schluss ist, anstatt nur einen Zettel zurückzulassen mit der Aufschrift: Ich bin dann mal weg. Suche dir einen anderen Blöden.

„Ich werde dir ganz langsam jeden einzelnen Knochen brechen", verspricht sie, „dann schneide ich dich in Streifen und fresse dich auf!"
„Jutta", versuche ich es diplomatisch, „ich schmecke doch gar nicht. Ich ..."
„Dir werden deine dummen Witze noch vergehen!", schreit sie. „Ich kenne da einen prima Voodoopriester, einen gewissen afrikanischen Buambo, dem ich deine getragenen Socken gegeben habe! Du wirst bald schon von mir hören!"
Sie knallt den Hörer auf. Verdutzt bleibe ich zurück. Vielleicht ist der Priester ja dämlich genug, sich mit ihr einzulassen? Jutta ist düsterer, teuflischer und nerviger, als jeder dunkle Rachegott oder -geist, dem er vorher gedient hat. Wer Jutta kennt, der braucht keine Dämonen oder Teufel mehr ...
Klang aber nicht so ...
Hoffentlich bleibe ich ihr im Halse stecken! Ersticken soll sie! Ganz langsam und elendig zugrunde gehen!
Nichtsdestotrotz: Ich bleibe positiv.
Als ich zu Hause ankomme, bin ich so positiv, dass ich Jacqueline anbrumme: „Quatsch mich bloß nicht an! Für heute habe ich genug!"
Und wisst ihr, was sie sagt?
„Bist du schon wieder schlecht gelaunt? Dass du immer so negativ sein musst!"

Ein süßsaures Date

Als ich Jutta Schnippke kennenlernte, war ich vor allem von einem Punkt sehr überzeugt: Ihrem Körper. Jutta war gut gebaut. Sehr sportlich. Sehr reizend. Sehr erotisch. Dazu kam, dass ihr Dekolletee viel versprach.
Mit einem Wort: Mein Hirn war aus, meine Libido an.
So wollte ich mich von meiner besten Seite zeigen. Das sollte ich jedoch bitter bereuen. Es hätte mir schon eine Warnung sein sollen, dass sie eine Halskette aus glattpolierten Kapuzineräffchenschädeln trug. Auch hätte ich hellhörig werden müssen, als sie von Männern sprach und sie „geistig verkümmerte Kastraten" oder „praktisches Zuchtvieh" nannte.
Meine Libido hatte die Kontrolle übernommen. Deutsch gesprochen: Ich war geil wie Nachbars Lumpi.
Jutta wurde mit dutzenden Cocktails abgefüllt, danach war sie bereit, mir in meine Wohnung zu folgen. Die Bude hatte ich vorher natürlich aufgeräumt. (Ich hatte all den Krempel ins Kämmerchen geschmissen und den Vorhang zugezogen – so etwas nennt man „Junggesellenordnung".)
Als sie auf meiner Couch saß, lächelte sie plötzlich hintergründig bis süßsauer: „Ich weiß, was du mit mir vorhast. Weißt du hingegen, worauf du dich hier einlässt?"
Ich lächelte charmant. „Ich weiß, dass du eine sehr schöne und außergewöhnliche Frau bist."
Sie ging nicht darauf ein, fragte stattdessen: „Hast du etwas Essbares hier?"
Wenige Sekunden später durchwühlte ich meinen Kühlschrank. Bis auf ein altes Glas saure Gurken, eine Packung vergammelten Gouda und fünf halbleere Bierflaschen gab der jedoch nichts her. Auf dem Küchentisch lag jedoch ein

Tütchen mit süßsauren Weingummistäbchen. Die liebte ich zwar abgöttisch und teilte sie sonst nie mit anderen, aber die Gewissheit auf eine erotische Nacht ließ mich dieses große Opfer als angebracht erscheinen. Ich präsentierte ihr meine geliebten Weingummis.
„Na ja", sagte sie nur dazu, wobei sie wieder ihr süßsaures Feixen aufsetzte, „besser, als nichts. Mehr hätte ich auch nicht von dir erwartet."
Ich bekam das nur zur Hälfte mit, kreisten meine Gedanken doch um und in ihrem Dekolletee.
Während sie also mein Weingummi wegnaschte (es sollte eigentlich morgen mein Mittagsessen sein), fragte ich sie: „Hast du eigentlich einen Freund?"
Da war es plötzlich wieder: ihr Lächeln.
„Nein. Der Letzte, der sich für mich hergegeben hat, dem habe ich drei Rippen und das Jochbein gebrochen."
Ich hatte von ihrer Antwort nur „hergegeben" mitbekommen. Mein Blick hing immer noch in ihrem Ausschnitt.
„Willst du denn gar nicht wissen, warum?", fragte sie unerwarteterweise.
„Warum?", fragte ich, ohne genau noch zu wissen, was ich da eigentlich fragte.
Jutta erklärte im Plauderton: „Er hatte beim Küssen meinen guten Lippenstift verschmiert."
Raten Sie einmal, was lediglich in meinem hormonüberfluteten Hirn ankam ... Genau: küssen.
„Ich küsse auch gut", lächelte ich.
Doch sie sagte nur, mit diesem bestimmten Feixen: „Das rate ich dir auch."
Auch das ging ungehört an mir vorüber. Ich setzte mich neben sie. Roch ihr Parfüm. Hatte nun einen tieferen Einblick in ihre Bluse. „Ich will dich küssen", raunte ich.

Sie sah mich undefinierbar an und hob ihren Daumen, um auf meiner Stirn ein Kreuzzeichen zu malen. „Vergeben seien dir dieserlei Sünden", flüsterte sie.
Ich beugte mich vor, wollte meine Lippen auf ihre legen. Ich kam bis auf wenige Zentimeter an ihren Mund heran.
Dann eskalierte alles. Denn Jutta packte mich am Kragen und brüllte mit überschlagender Stimme: „Du bist ein Kerl wie jeder andere! Blasphemie! Du bist der Satan! Willst meine Seele verderben! Doch das lasse ich nicht zu! Ich bin die Faust des Herrn!"
Sie sprang auf. Hatte mich jedoch noch am Kragen.
So stolperte ich mit. Wusste gar nicht, wie mir geschah.
„Jutta!", rief ich entsetzt. „Komm wieder runter!"
„Asmodis!", kreischte sie jedoch. Ballte ihre Faust. „Succobus! Ich werde dich austreiben! Mit der Kraft einer Jutta Schnippke!"
Dann schlug sie mir brutal aufs Nasenbein, dass es nur so knackte. Ich sah Sterne. Bekam, wie durch Watte, mit, wie sie weiterkreischte: „Mich wirst du nicht bekommen, du Verderber der Welten!"
Drei weitere Schläge trafen mein Gesicht. Mein Auge schwoll zu. Ich wollte um Hilfe rufen, doch ihre Faust erstickte mein panisches Rufen im Keim.
Als ich blutend am Boden vor ihr lag, sah sie wieder, völlig friedlich, auf mich herab. „Dein Geist ist nun befreit." Sie kniete sich neben mich und strich mir sanft durchs Haar. Dann zeichnete sie abermals mit ihrem Daumenrücken ein Kreuz auf meine Stirn. „Hörst du auch die Engel singen? Sie singen nur für deine befreite Seele. Jetzt wird alles gut."
Dann ging sie, wobei sie ein Kirchenlied, ich glaube es war „Bringt die Ernte ein", summte.

Das war es für mich, dachte ich. Meine nächste Eroberung wird ein Kerl. Jutta hatte mir die Weiber mit nur einem Schlag ausgetrieben.
Ich rappelte mich hoch. Sah auf den Wohnzimmertisch. Ein schmerzvolles, aber erleichtertes Lächeln ging über meine malträtierten Mundwinkel.
Was für ein Glück!
Wenigstens hatte sie nicht alle süßsauren Weingummis aufgegessen.

Über den Autor

Marcus Watolla,
Jahrgang 1972, lebt, bis auf zwei Jahre im Exil in Bottrop-Kirchhellen, seit seiner Kindheit in Gladbeck. Der gelernte Rechtsanwaltsfachangestellte arbeitet zurzeit im öffentlichen Dienst.

Man mag es kaum glauben, aber die meisten seiner satirischen Stories sind ihm, wenn auch in diesem Buch etwas überzogen dargestellt, wirklich so passiert. So gibt es eine Jutta, eine Jacqueline, einen Flocky, einen Eddy und viele andere Protagonisten aus seinem Buch. Marcus Watolla schreibt Satirisches, seit er schreiben kann. Viele seiner Geschichten sind auf Lesungen für gut befunden worden und haben somit ihren ehrenhaften Weg in dieses Buch gefunden. Watolla hat bereits im Jahr 2015/2021 ein Buch im Edition Paashaas Verlag veröffentlicht: Bittersüß – Satirisches Zeug.

www.marcus-watolla.de

Bittersüß – Satirisches Zeug
Erweiterte Neuausgabe
Von Marcus Watolla
Edition Paashaas Verlag, 2021
Paperback, 168 Seiten
9,95 €
ISBN: 978-3-961740-83-3

Menschen am Rande des Nervenzusammenbruchs! Elvis Presleys singender Hund, ein bösartiges Handy, ein fliegender Teppich, ein Showdown im Amt …

Bei Marcus Watolla muss man auf alles gefasst sein.
Mit liebenswürdiger Gehässigkeit reißt er seine Figuren aus dem schnöden Alltagstrott und jagt sie durch ein skurriles Stressszenario nach dem anderen.

Mitunter sich die betroffenen Damen und Herren auch selbst schuld. Krude Rachegelüste, Frau am Steuer, verletzte Egos, Musenküsse, Lüsternheit oder amouröse Trugschlüsse sind ebenso Ursache für herrlich vergnügliche Verwicklungen wie Freitag, der 13., der Maya-Kalender oder verhexte Technik.

Haben Sie sich etwa schon einmal überlegt, was Sie tun, wenn eine Behörde Sie wegen eines Computerfehlers für tot erklärt? Na denn …

**Mehr dazu finden Sie auf
www.verlag-epv.de**